Hannah Arendt
Macht und Gewalt

PIPER

Zu diesem Buch

Hannah Arendt hat dieses Buch, das 1970 erstmals erschien, im Angesicht des Vietnamkrieges und unter dem Eindruck weltweiter Studentenunruhen geschrieben. In diesem Essay zeigt sie die Abgrenzungen und Überschneidungen der politischen Schlüsselbegriffe Macht und Gewalt. Sie analysiert die theoretischen Begründungen von Gewalttätigkeit und beleuchtet deren Manifestationen in den Studentenprotesten von 1968, dem Krieg in Vietnam und dem »Rassenkonflikt« in den USA. Die alte Theorie von Krieg und Gewalt als Ultima ratio der Macht wurde – wenigstens im zwischenstaatlichen Bereich – durch die Kernwaffen ad absurdum geführt, war überholt und benötigte eine neuartige Begründung. Hannah Arendts Essay gewinnt die Antwort auf die Herausforderung aus ihrer Gegenwart.

Hannah Arendt, am 14. Oktober 1906 im heutigen Hannover geboren und am 4. Dezember 1975 in New York gestorben, studierte unter anderem Philosophie bei Martin Heidegger und Karl Jaspers, bei dem sie 1928 promovierte. 1933 emigrierte Arendt nach Paris, 1941 nach New York. Von 1946 bis 1948 arbeitete sie als Lektorin, danach als freie Autorin. Sie war Gastprofessorin in Princeton und Professorin an der University of Chicago. Ab 1967 lehrte sie an der New School for Social Research in New York.

Thomas Meyer wurde an der LMU München promoviert und habilitierte sich auch dort. Nach zahlreichen Stationen im In- und Ausland lehrt Meyer Philosophie in München. Er gibt im Piper Verlag die Schriften Hannah Arendts in einer Studienausgabe heraus. Zuletzt erschien von ihm *Hannah Arendt. Die Biografie.*
Christine Blättler ist Professorin am Philosophischen Seminar der Christian-Albrechts-Universität zu Kiel. 2021 erschien von ihr *Benjamins Phantasmagorie* (DEJAVU Verlag, Berlin).

Hannah Arendt

Macht und Gewalt

Von der Verfasserin durchgesehene Übersetzung aus dem amerikanischen Englisch von Gisela Uellenberg
Herausgegeben von Thomas Meyer
Mit einem Nachwort von Christine Blättler

PIPER

Mehr über unsere Autorinnen, Autoren und Bücher:
www.piper.de

Von Hannah Arendt liegen im Piper Verlag vor:
Über Palästina
Vorträge und Aufsätze 1930–1938
Vorträge und Aufsätze 1941–1950
Vorträge und Aufsätze 1951–1960
Vom Leben des Geistes
Macht und Gewalt
Briefwechsel (mit Karls Jaspers)
Briefe 1936–1968 (mit Heinrich Blücher
Elemente und Ursprünge totaler Herrschaft
Eichmann in Jerusalem
Fragwürdige Traditionsbestände im politischen Denken der Gegenwart
Wir Juden
Rahel Varnhagen
Der Liebesbegriff bei Augustin
Denktagebuch
Vita activa oder Vom tätigen Leben
Über die Revolution
Im Vertrauen (mit Mary McCarthy)
Wie ich einmal ohne Dich leben soll, mag ich mir nicht vorstellen…
Vor Antisemitismus ist man nur noch auf dem Monde sicher
Was heißt persönliche Verantwortung in einer Diktatur?
Schreib doch mal ‚hard facts' über dich (mit Günther Anders
Menschen in finsteren Zeiten
Wahrheit und Lüge in der Politik
In der Gegenwart
Eichmann war von empörender Dummheit (mit Joachim Fest)
Das Urteilen
Ich selbst, auch ich tanze
Wahrheit gibt es nur zu zweien
Hannah Arendt (Das Buch zum Film)
Eichmann in Jerusalem
Zwischen Vergangenheit und Zukunft
Über das Böse
Denken ohne Geländer
Was ist Politik?

MIX
Papier | Fördert gute Waldnutzung
FSC® C021394

PRODUZIERT MIT VERANTWORTUNG

Erweiterte Neuausgabe
ISBN 978-3-492-30729-1
1. Auflage März 2024
3. Auflage September 2025

Titel der amerikanischen Originalausgabe: *On Violence*, erschienen bei Harcourt, Brace & World, Inc., New York 1970, und Allen Lane, The Penguin Press, London 1970

Für einen direkten Kontakt und Fragen zum Produkt wenden Sie sich bitte an: *info@piper.de*
Umschlaggestaltung: Büro Jorge Schmidt, München
Satz: Eberl & Koesel Studio, Kempten
Gesetzt aus der Minion Pro
Gedruckt von ScandBook in Litauen
Printed in the EU

Inhalt

Anlässlich der Studienausgabe von Hannah Arendts Schriften

Was Hannah Arendt dazu bewegte, der politischen Wirklichkeit so genau ins Gesicht zu sehen, waren die Kraft der Vernunft und die Verachtung der Illusion. Anderen schlüssig und verständlich zu machen, was sie sah, war ein großer geistiger Triumph – für sie persönlich, aber auch für die Tradition des offenen politischen Diskurses.

Judith Shklar (1975)

Die Studienausgabe in Einzelbänden von Hannah Arendts Schriften möchte dazu einladen, eine der bedeutenden Denkerinnen des 20. Jahrhunderts kennenzulernen oder erneut zu lesen. Ausgewiesene Experten untersuchen in ihren exklusiv für die Edition verfassten Nachworten die jeweiligen Werke. Die Autoren werden darin je eigene Schwerpunkte setzen, die Interessierten Hannah Arendts Gedankenwelt erschließen helfen, während sich die Spezialisten mit markanten Positionen auseinandersetzen können. Bewusst wurde darauf verzichtet, eine wie auch immer geartete Einheitlichkeit vorzugeben. Die Offenheit und die Vielfalt von Arendts Überlegungen werden sich folglich in den verschiedenen Positionen der Beiträger spiegeln, die innerhalb der Studienausgabe zu Wort kommen.

Die in Arendts Münchner Stammverlag Piper vorgelegten Bände bieten Texte, die auf der jeweils letzten, von ihr selbst noch überprüften Fassung beruhen. Druckfehler und andere offensichtliche Versehen sind korrigiert, die Zitate wurden überprüft, die bibliografischen Angaben und Register durchgesehen. Für all das trägt der Herausgeber die Verantwortung. Ziel war es, zitierfähige Ausgaben zu schaffen, die sowohl eine breite Leserschaft ansprechen als auch für Wissenschaftler eine verlässliche Textgrundlage bieten.

Die erste Lieferung der Edition wird jene Werke umfassen, die Arendts Ruf in Deutschland zu ihren Lebzeiten begründeten. In chronologischer Reihenfolge sind dies folgende Schriften: Die 1929 veröffentlichte Dissertation *Der Liebesbegriff bei Augustin. Versuch einer philosophischen Interpretation*, die erstmals 1955 vorgelegte Studie *Elemente und Ursprünge totaler Herrschaft. Antisemitismus, Imperialismus, Totalitarismus* und der zwei Jahre später veröffentlichte Band *Fragwürdige Traditionsbestände im politischen Denken der Gegenwart. Vier Essays*. Ebenso enthalten sind die 1959 publizierte Biografie *Rahel Varnhagen. Lebensgeschichte einer deutschen Jüdin aus der Romantik* und die im Jahr darauf erschienene Monografie *Vita activa oder Vom tätigen Leben*. Es folgen die Reportage *Eichmann in Jerusalem. Ein Bericht von der Banalität des Bösen* von 1964 und schließlich die ein Jahr später zugänglich gemachte Abhandlung *Über die Revolution*. Damit liegen im Piper Verlag erstmals die Augustin-Studie und die in dieser Form und unter dem Titel nie wieder aufgelegte, dem engen Freund Walter Benjamin gewidmete Aufsatzsammlung *Fragwürdige Traditionsbestände* vor.

Zu einem späteren Zeitpunkt werden unter anderem die zu Lebzeiten in deutscher Sprache veröffentlichten Zeitungsartikel, Aufsätze und Essays Arendts in chronologischer Reihenfolge neu herausgegeben werden. Das unvollendete Nachlass-Werk *Life of the Mind*, in der deutschen Übersetzung unter dem Titel *Vom Leben des Geistes* erstmals 1979 in zwei Bänden erschienen, wird die Ausgabe ergänzen, sobald eine verlässliche Textgrundlage verfügbar ist.

Hannah Arendts Werke sprechen für sich und die beigefügten Nachworte benötigen keinerlei Rechtfertigungen. Bleibt also der aufrichtige Dank an die Kolleginnen und Kollegen, die sich der Aufgabe unterzogen haben, mit ihren Beiträgen die Schriften Hannah Arendts für hoffentlich viele Leserinnen und Leser zu öffnen. Den Mitarbeiterinnen und Mitarbeitern vom Piper Verlag gilt der Dank für die Zusammenarbeit und die Courage, das Werk Hannah Arendts in der vorliegenden Form der Öffentlichkeit zugänglich zu machen.

Berlin, im August 2023

Thomas Meyer

Zu diesem Band

In Hannah Arendts Nachlass finden sich umfangreiche Materialien zu *On Violence*[1] und dem daraus hervorgegangenen Langessay *Macht und Gewalt*. Beide Bücher, die englische wie die deutsche Fassung, wurden erstmals 1970 publiziert und sofort kontrovers diskutiert. Eine weitere Diskussionswelle löste *On Violence* in den USA aus, als der Text zwei Jahre später in Arendts Sammelband *Crises of the Republic*[2] abgedruckt wurde. Ebenfalls 1972 erschien in Paris bei dem Verlag Calmann-Lévy eine Übersetzung des Sammelbandes, der ihren Ruf als streitbare Essayistin in Frankreich begründete.[3] Alle Ausgaben waren in unterschiedlicher Formulierung Arendts engster US-amerikanischer Freundin, der Schriftstellerin und Kritikerin Mary McCarthy, gewidmet.

Dem »Nachwort« der in Kiel lehrenden Philosophin Christine Blättler sollen ein paar Bemerkungen zur Entstehungsgeschichte von *Macht und Gewalt* vorangestellt werden.

I.

Die Begriffe »Macht« und »Gewalt« finden sich bei Hannah Arendt von Beginn an in ihren Schriften. Während es in *Der Liebesbegriff bei Augustin*[4] um »Macht« über etwas geht, finden sich in den Texten über Rahel Varnhagen zahlreiche Zitate zu »Gewalt« gegen eine Person, in dem Fall gegen die Protagonistin.[5]

In den *Origins of Totalitarianism,*[6] dann vor allem in *Elemente und Ursprünge totaler Herrschaft* kam es erstmals zu einer Analyse der beiden Begriffe. Der Politikwissenschaftler Jens Hacke schreibt dazu in seinem »Nachwort« zur Edition in unserer Studienausgabe:

> Arendts Interpretation entfaltet eine starke Suggestivkraft, bleibt aber vor allem deshalb verwirrend, weil sie zwar theoretisch in diesem Kontext die eigene Begriffsunterscheidung von Macht und Gewalt vorbereitet und ihre ideale handlungstheoretische Bestimmung der Politik aufscheinen lässt, aber dies semantisch noch nicht konsequent umsetzt. »Neu an der politischen Doktrin des Imperialismus«, formuliert Arendt, »war nicht die beherrschende Stellung, die der Gewalt eingeräumt wurde, und nicht die Einsicht, daß Macht eine der wesentlichen Realitäten aller Politik bildet. Gewalt ist seit eh und je die ultima ratio politischen Handelns gewesen, und Macht war immer der sichtbare Ausdruck von Herrschaft und Regierung. Der Unterschied ist nur, daß weder Gewalt noch Macht je das ausdrückliche und letzte Ziel politischen Handelns gewesen waren. Denn Macht an sich kann nur mehr Macht erzeugen, und Gewalt, die um der Gewalt willen (und nicht um der Gesetze willen) angewandt wird, entfesselt sofort einen Zerstörungsprozeß, der zum Stillstand erst kommen kann, wenn nichts mehr übrig ist, das nicht vergewaltigt wäre.« (349) Ihr kommunikativer Begriff der Macht ist nur rudimentär ausgebildet, wird aber bereits vom physischen Zwang der Gewalt unterschieden.[7]

Erste Versuche, die hier völlig zu Recht festgestellte Verwirrung zu klären, folgten in Texten, die dem Begriff »Autorität« gewidmet waren.[8] Ihrem philosophischen Hauptwerk *Vita activa* von 1960 war es zunächst vorbehalten erste positive Bestimmungen der Unterscheidung von »Macht« und »Gewalt« vorzunehmen.[9] Überlegungen, die in dem vorliegenden Langessay aufgegriffen, variiert und weitergedacht wurden.

II.

Am 29. Mai 1968 teilte Hannah Arendt ihrem Verleger Klaus Piper mit, »Ende Juni« nach Europa kommen zu wollen. Neben dem obligatorisch gewordenen Besuch bei Gertrud und Karl Jaspers in Basel erwähnte Arendt einen möglichen Besuch in München, um für den Bayerischen Rundfunk den für das »Nachtstudio« neu geschriebenen Essay über Bertolt Brecht einzusprechen. Bei der Gelegenheit könne man sich dann ja sehen. Die sich anschließende Frage, was Piper denn zu den »revolutionären Umtrieben« sage, war nicht überraschend, schließlich befand man sich im Jahr 1968, doch ihr Interesse am Gegenüber und seiner Position hatte immer auch etwas mit ihren eigenen Überlegungen zu tun. So auch in diesem Fall. Doch sollte ein Herzanfall Heinrich Blüchers, Arendts zweiten Ehemannes, alle Reisepläne vorerst zunichtemachen.

Anfang September kam es dann zu mehreren sehr ausführlichen Treffen. Zunächst besprach Arendt am 6. mit Piper im Hause des Ehepaares Gertrud und Karl Jaspers die seit Längerem geplante Gesamtausgabe der Schriften des Philosophen. Die Planungen hierzu waren bereits sehr weit gediehen: Neben der genauen Bandaufteilung war auch eine Kostenübersicht erstellt und ein detaillierter Finanzierungsplan erarbeitet worden. Jaspers' persönlicher Assistent Hans Saner sollte als festangestellter Redakteur fungieren, Arendt die Herausgabe koordinieren.

Gemeinsam reisten Arendt und Piper nach München weiter, wo am 8. und 9. September gemeinsam zunächst mit dem Lektor Hans Rössner, später dann mit dessen Nachfolger Michael Wegner über Bücherpläne diskutiert wurde.

So sollte etwa auch in Deutschland eine dreibändige Ausgabe von *Elemente und Ursprünge totaler Herrschaft* erscheinen und dazu die Rechte von der Frankfurter Europäischen Verlagsanstalt erworben werden. Das neu zu schreibende »Vorwort« wollte auf die Revolution in der Tschechoslowakei und den »sowjetischen Antisemitismus« eingehen, wie es im überlieferten Protokoll heißt. Gleich zwei Essaybände wurden darüber hinaus vereinbart: »Exerzitien im politischen Denken« und »Menschen in finsterer Zeit«. Ersterer sollte unter anderem Aufsätze umfassen, die bereits in *Fragwürdige Traditionsbestände im politischen Denken der Gegenwart* abgedruckt waren, der zweite Band sollte biografische Studien enthalten. In der »Serie Piper« plante man, zusätzlich die umfangreichen Essays über »Bertolt Brecht« und »Walter Benjamin« in einem Band zu veröffentlichen.

In einer Notiz, die sich Arendt bei einem Gespräch mit Wegner in jenen Tagen machte, schrieb sie den Titel »Violence and Power« auf, den sie gern im »Exerzitien«-Band abgedruckt sah. Von nun verfolgte Hannah Arendt auch auf Deutsch konsequent die Überlegungen zu »Macht und Gewalt«. Insbesondere der am 24. Juli 1969 gesendete und von ihr selbst eingesprochene Essay »Über die Gewalt« für das »Nachtstudio« des Bayerischen Rundfunks muss als zentrale Entwicklungsstufe hin zur Buchpublikation gelten.

Was geschah in den USA? Am 25. Februar 1969 schrieb Hannah Arendts New Yorker Verleger William Jovanovich der Autorin von seiner begeisterten Lektüre ihres Essays »Reflections on Violence«, der soeben in der *New York Review of Books* erschienen war. Arendt hatte damals bereits eine längere Version für das *Journal of International Affairs* ausgearbeitet, die Jovanovich später ebenso las wie einen der Vorträge, in denen die Überlegungen erstmals ausgearbeitet worden waren. Sie bestätigten sein von Beginn an feststehendes Urteil, dass aus dem Essay ein Buch gemacht werden müsse.

Am 21. November 1969 sandte Hannah Arendt das Manuskript von *Macht und Gewalt* an den Piper Verlag. Am Tag danach erläuterte sie ihrem Münchner Verleger von New York aus, dass sie die vorliegenden deutschen Ausgaben von einigen der zitierten Werke nicht zufriedenstellten, sie daher auf die fremdsprachigen Originalausgaben zurückgreife und dann selbst übersetze. Auch die Übertragung der promovierten Literaturwissenschaftlerin und Übersetzerin Gisela Uellenberg ins Deutsche fand Erwähnung: Die habe wohl unter Zeitdruck arbeiten müssen, sodass sie »jedenfalls« alles neu geschrieben habe. Zudem schlug Arendt vor, 16 ausführliche Fußnoten als »Exkurse« auszuweisen. Und so kam es denn auch.

Im Mai 1970 lag *On Violence* in zwei Ausgaben in den USA vor, zudem wurde der 106 Seiten starke Band zeitgleich in London veröffentlicht.

Die vorliegende Ausgabe gibt den Text der »Serie Piper«-Ausgabe (3. Auflage, 12.–14. Tausend) von 1975 wieder, die zudem ein 1970 in Tegna geführtes Interview Arendts mit dem Journalisten Adelbert Reif enthielt, das hier nicht mit abgedruckt wird.[10]

---

1 Hannah Arendt, *On Violence*, New York 1970.

2 Hannah Arendt, *Crises of the Republic. Lying in Politics, Civil Disobedience, On Violence, Thoughts on Politics and Revolution*, New York 1972.

3 Hannah Arendt, *Du mensonge à la violence: essais de politique contemporaine*, Paris 1972. Die Texte wurden von dem Anglisten Guy Durand übersetzt.

4 Hannah Arendt, *Der Liebesbegriff bei Augustin. Versuch einer philosophischen Interpretation* (1929). Mit einem von Nachwort von Thomas Meyer, München 2021.

5 Hannah Arendt, *Rahel Varnhagen. Lebensgeschichte einer deutschen Jüdin aus der Romantik* (1959). Mit einem Nachwort von Liliane Weissberg, München [2]2022.

6 Hannah Arendt, *The Origins of Totalitarianism*, New York 1951.

7 Jens Hacke, »Denken am Abgrund. Hannah Arendts monumentale Geschichte totalitärer Gegenwart – Nachwort«, in: Hannah Arendt, *Elemente und Ursprünge totaler Herrschaft. Antisemitismus – Imperialismus – Totalitarismus*, München 2023, 1109–1166, hier: 1132 f.

8 Hannah Arendt, »Was ist Autorität?«, in: dies., *Fragwürdige Traditionsbestände im politischen Denken der Gegenwart. Vier Essays* (1957). Mit einem Nachwort von Eva von Redecker, München 2021, 137–188.

9 Siehe dazu Hans-Jörg Sigwart, »Die Erfahrung des Tätigseins – Nachwort«, in: Hannah Arendt, *Vita activa oder Vom tätigen Leben*, München [3]2023, 528–586.

10 Eine Veröffentlichung in einem anderen Zusammenhang ist vorgesehen.

FÜR MARY
ein Unterpfand unserer Freundschaft

I

An Anlässen, sich über das Wesen der Gewalt, ihre Rolle in Geschichte und Politik, Gedanken zu machen, hat es in diesem Jahrhundert, das Lenin bereits vor mehr als fünfzig Jahren als ein Jahrhundert der Kriege und Revolutionen diagnostizierte, nicht gefehlt; und es ist eigentlich erstaunlich, daß erst die Ereignisse der letzten Jahre dies Thema in den Mittelpunkt der öffentlichen Aufmerksamkeit und Diskussion gerückt haben. Der unmittelbare Anlaß war zweifellos die in ihrer Weise einzigartige, weltweite Rebellion an den Universitäten und die Debatten über gewalttätigen oder gewaltlosen Widerstand, die sie von vornherein begleiteten; aber die tiefere Ursache dürfte wohl doch ein Faktor sein, der, von niemandem vorausgesagt, offensichtlich die gesamte Problematik des Verhältnisses von Macht und Gewalt entscheidend verändert hat.

Die technische Entwicklung der Gewalt*mittel* hat in den letzten Jahrzehnten den Punkt erreicht, an dem sich kein politisches Ziel mehr vorstellen läßt, das ihrem Vernichtungspotential entspräche oder ihren Einsatz in einem bewaffneten Konflikt rechtfertigen könnte. (Wir lesen mit einiger Verblüffung, daß Engels nach dem Deutsch-Französischen Krieg meinte, »die Waffen [sind nun] so vervollkommnet, daß ein neuer Fortschritt von irgendwelchem umwälzenden Einfluß nicht mehr möglich ist«.[1]) Damit ist ein wirklicher Wendepunkt eingetreten. Der Krieg – seit undenklichen Zeiten letzte Instanz der Außenpolitik – hat seine

Effektivität und das Kriegshandwerk seinen Glanz eingebüßt. Das »apokalyptische Schachspiel« zwischen den Supermächten, den Staaten nämlich, die auf der Höhe der gegenwärtigen Zivilisation stehen, hat keine Ähnlichkeit mehr mit den bisherigen Kriegsspielen; es wird nach der Regel gespielt, »wenn einer ›siegt‹, sind beide am Ende«.[2] Und auch der Wettlauf der Rüstung hat nicht mehr den Sinn, den Krieg vorzubereiten, sondern im Gegenteil ihn durch wechselseitige Abschreckung zu verhindern. Auf die Frage nach einem Ausweg aus dieser offensichtlich unhaltbaren Position gibt es bisher keine Antwort.

Da Gewalt (im Unterschied zu Macht, Kraft oder Stärke) als »reale Vorbedingungen zu ihrer Betätigung ... *Werkzeuge* erfordert«,[3] hatte die technische Revolution, eine Revolution in der Herstellung von Geräten, besonders weitreichende Folgen auf dem Gebiet der Gewaltbetätigung, also vor allem der Kriegsführung. Es liegt im Wesen der Gewalthandlung, daß sie wie alle Herstellungsprozesse im Sinne der Zweck-Mittel-Kategorie verläuft. Wird diese Herstellungskategorie auf den Bereich der menschlichen Angelegenheiten angewandt, so hat sich noch immer herausgestellt, daß die Vorrangstellung des Zwecks im Verlauf der Handlung verloren geht; der Zweck, der die Mittel bestimmt, die zu seiner Erreichung notwendig sind und sie daher rechtfertigt, wird von den Mitteln überwältigt. Denn das Resultat menschlichen Handelns läßt sich niemals mit der gleichen Sicherheit voraussagen, mit der das Endprodukt eines Herstellungsprozesses bestimmt werden kann; daher sind die zur Erreichung politischer Ziele eingesetzten Mittel für die Zukunft der Welt zumeist von größerer Bedeutung als die Zwecke, denen sie dienen sollen.

Zu diesem Unsicherheitsfaktor, der dem Handeln ohnehin innewohnt, fügt die Gewalthandlung noch ein nur ihr eigentümliches Element des rein Zufälligen hinzu. Napoleon hatte ganz recht, wenn er sagte, seine Generäle müßten »fortune« haben. Nirgends spielt Fortuna, spielen Glück und Pech eine entscheidendere Rolle als auf dem Schlachtfeld. Und dieses Eindringen des gänzlich Unerwarteten wird nicht dadurch beseitigt, daß man versucht, es als »random event« in »wissenschaftliche« Kalkulationen miteinzubeziehen oder es mit Hilfe von Simulationen, Scenarios, Spieltheorien und dergleichen auszuschalten. Es gibt auf diesem Gebiet keine Gewißheit; nicht einmal die gegenseitige totale Vernichtung, auf der die Theorie der wechselseitigen Abschreckung beruht, läßt sich mit absoluter Sicherheit unter im Vorhinein errechneten Voraussetzungen voraussagen. Daß die Vervollkommnung der Gewaltmittel schließlich den Grad erreicht hat, an dem die zur Verfügung stehenden Mittel im Begriff sind, ihr Ziel, nämlich die Kriegsführung, unmöglich zu machen,[4] ist wie eine letzte ironische Reflexion auf die grundsätzliche Willkür und Un-sinnigkeit, der wir überall begegnen, wo wir uns dem Bereich der Gewalt nähern. Wie wir aber dieses Un-sinns Herr werden sollen, wissen wir nicht. Denn wenn Kriege immer noch geführt werden und immer noch gerüstet wird, so nicht, weil die Menschheit von einem geheimen Todes- oder einem unkontrollierbaren Aggressionstrieb besessen wäre, und noch nicht einmal, weil – was immerhin einleuchtender wäre – die Abrüstung der ungeheuren Militärmaschinen in den in Frage stehenden Ländern ernste politische, gesellschaftliche und ökonomische Probleme zur Folge haben würde,[5] sondern einzig und allein, weil bisher nirgends ein annehmbares Surrogat für die Willkür der Gewalt als ultima ratio in den Konflikten der Völker zum Vorschein gekommen ist. Es gilt immer noch Hobbes' Wort: »Covenants without the sword are but words.«

Und unter der Herrschaft des heutigen Staatsbegriffs, den bekanntlich keine Revolution bisher auch nur erschüttert hat, ist selbst eine theoretische Lösung des Kriegsproblems, von der nicht so sehr die Zukunft der Menschheit wie die Frage, ob die Menschheit überhaupt eine Zukunft haben wird, abhängt, auch gar nicht vorstellbar. Solange nationale Unabhängigkeit, die Freiheit von Fremdherrschaft, auf die jedes Volk ein Recht hat, und Staatssouveränität, unkontrollierte und unbegrenzte Macht in außenpolitischen Angelegenheiten, gleichgesetzt werden, ist ein gesicherter Friede so utopisch wie die Quadratur des Kreises. Und wenn Freiheit und Souveränität nicht mehr gleichgesetzt würden, sähen wir uns, wie die Dinge heute liegen, mit einer Staatskrise konfrontiert, die über den gesamten Erdball ginge und von der nur sehr wenige Länder vielleicht verschont blieben. (Theoretisch könnten die USA zu diesen wenigen gehören; ihrer Verfassung ist in der Tat, wie Justice James Wilson 1793 feststellte, »der Begriff der Souveränität völlig unbekannt«, was sich schon daran erweist, daß vom Senat gebilligte Verträge mit anderen Nationen laut der Verfassung zum Gesetz des Landes gehören. Aber die Zeiten, da Amerika sich in voller Klarheit von den politischen Kategorien des europäischen Nationalstaats trennte, sind lange vorbei. Die amerikanische Regierung handelt und argumentiert nicht im Sinne der Amerikanischen Revolution und der ›Founding Fathers‹, sondern ganz im Sinne des europäischen nationalstaatlichen Denkens, als sei dies schließlich und endlich doch das ihr angestammte Erbe. Und dies ungeachtet der Tatsache, daß sie dies Erbe überhaupt nur hat übernehmen können, weil Europa politisch bankrott war und dieser Bankrott von dem Bankrott des Nationalstaates und seinem Souveränitätsbegriff verursacht und begleitet wurde.) Inzwischen hat sich herausgestellt, daß die Großmächte nicht einmal mehr imstande sind, Kolonialkriege zu führen, so daß das Kriegshandwerk mehr und mehr zu einer Art Luxus wird, den sich nur noch die unterentwickelten Länder leisten können. Das ist kein Trost, denn jedermann weiß, daß das gefürchtete »random event«, das alle Kalkulationen und Intentionen des wechselseitigen Abschreckungsspiels über den Haufen werfen könnte, am ehesten dort auftauchen kann, wo die unter den heutigen Gegebenheiten einfach stupide Redensart des »there is no alternative for victory« (für den Sieg gibt es keinen Ersatz) immerhin noch einen hohen Grad von Plausibilität hat.

Unter diesen Umständen ist in der Tat das in den letzten Jahrzehnten ständig wachsende Ansehen der wissenschaftsgläubigen »brain trusters«, von denen die Regierungen sich beraten lassen, höchst beunruhigend. Gegen ihre Kaltblütigkeit, »das Undenkbare zu denken«, wäre kaum etwas einzuwenden, wenn man nur sicher sein könnte, daß sie überhaupt *denken*. Anstatt sich auf ein so altmodisches, von Computern nicht zu übernehmendes Geschäft wie das Denken einzulassen, *rechnen* sie sich mit Hilfe ihrer Maschinen die Konsequenzen gewisser hypothetisch angenommener Konstellationen aus, ein in den Wissenschaften durchaus berechtigtes Verfahren, weil man nämlich aufgrund solcher Berechnungen die Hypothesen experimentell kontrollieren und verifizieren kann. Dies ist in dem Kriegsspiel keineswegs der Fall; dies Rechnen kommt mit wirklichen Begebenheiten nie in Berührung. Der logische Fehler in diesen hypothetischen Konstruktionen möglicher zukünftiger Ereignisse ist immer der gleiche: Was zuerst – je nach dem intellektuellen Niveau mit oder ohne Berücksichtigung der implizit gegebenen Alternativen – als Hypothese erscheint, wird sehr schnell, oft nach wenigen Abschnitten, zur »Tatsache«, einem Datum, das dann eine ganze Serie ähnlicher Data gebiert, deren hypothetischer Charakter vergessen ist – und damit der rein spekulative Charakter des ganzen Unternehmens. Natürlich ist das nicht Wissenschaft, sondern Pseudo-Wissenschaft, die darin besteht, »die oberflächlichen Merkmale der Wissenschaften, die an ihrer Stelle durchaus sinnvoll sind, nachzuahmen«.[6] Und der evidenteste und »tiefste Einwand gegen diese Sorte strategischer Theorien ist nicht ihr begrenzter Nutzen, sondern ihre Gefährlichkeit; denn sie führen dahin zu meinen, man verstehe Ereignisse und könne ihren Ablauf kontrollieren, die man weder versteht noch kontrolliert«, wie Richard N. Goodwin in einer Buchbesprechung kürzlich ausführte, die das seltene Verdienst hat, die »unbewußte Komik« aufzudecken, die für so viele dieser prätentiösen, in wissenschaftlichen Jargon gekleideten Theorien charakteristisch ist.[7]

Ereignisse sind dadurch gekennzeichnet, daß sie automatische Prozesse oder zur Gewohnheit gewordene Verfahrensweisen unterbrechen; nur eine Welt, in der sich nichts ereignet, entspräche der Grundprämisse der Futurologen. Zukunftsprognosen projizieren gegenwärtige Prozesse und Verfahrensweisen; sie sagen voraus, was aller Wahrscheinlichkeit nach eintreten wird, wenn Menschen nicht handelnd eingreifen und wenn nichts Unerwartetes geschieht. Jede Handlung und jeder Zwischenfall zerstört mit einem Schlag alle Voraussetzungen, in deren Rahmen die Prognose erfolgt und ihre Indizien zusammenstellt. (Eine gelegentliche Bemerkung Proudhons, »die Fruchtbarkeit des Unerwarteten übersteigt bei weitem die Weisheit des Staatsmanns«, könnte man mit noch größerem Recht auf die Berechnungen der Experten anwenden.) Solche unerwarteten, unvorausgesehenen und unvorhersagbaren Zwischenfälle als bloße Zufälle oder die »letzten Zuckungen der Vergangenheit« abzutun, bzw. sie in Engels' »Rumpelkammer« oder in Trotzkis berühmtem »Abfalleimer der Geschichte« unterzubringen, ist der älteste Trick der zu Propheten gewordenen Historiker; zweifellos helfen solche Kunststücke dabei, in sich widerspruchslose Theorien aufzustellen, doch um den Preis, sie weiter und weiter von der Wirklichkeit zu entfernen. Als Projektionen tatsächlich beobachtbarer gegenwärtiger Prozesse haben sie immer eine gewisse Wahrscheinlichkeit für sich; gefährlich werden sie erst, wenn sie als in sich schlüssige Theorien auftreten, mit deren Hilfe man angeblich wissen kann, was *wirklich* war, ist und sein wird. Dann tritt jene hypnotische Wirkung ein, derzufolge der von den Theoretikern ohnehin so verachtete gesunde Menschenverstand auch ganz untheoretisch veranlagte Menschen verläßt und mit ihm der Gemeinsinn oder common sense, dem wir es verdanken, daß wir Wirklichkeit und Tatsächlichkeit wahrnehmen, verstehen und uns handelnd in ihnen orientieren können.

Keinem, der dem Wesen der menschlichen Angelegenheiten, das sich in Geschichte und Politik manifestiert, nachdenkt, kann die Rolle, welche die Gewalt seit eh und je in den Beziehungen der Menschen zueinander gespielt hat, entgehen; und es ist auf den ersten Blick einigermaßen überraschend, daß sie so selten zum Gegenstand besonderer Untersuchungen gemacht wurde.[8] (In der letzten Ausgabe der *Encyclopedia of the Social Sciences* wird »violence« nicht einmal eines eigenen Artikels gewürdigt.) Die Rolle der Gewalt in der Politik galt offenbar als so selbstverständlich, daß man sie noch nicht einmal eigens zu untersuchen oder in Frage zu stellen brauchte. Diejenigen zudem, die in der Geschichte ohnehin nichts anderes sahen als das schiere Geratewohl oder den Beweis dafür, daß Gott immer mit den stärkeren Bataillonen ist, hatten verständlicherweise über den Gegenstand weiter nichts zu sagen und wandten sich lieber lohnenderen Gebieten zu. Wer aber in der Geschichte nach einer Art Sinn suchte, dem mußte der dem gewalttätigen Handeln innewohnende Zufalls- und Willkürcharakter als der eigentliche Stein des Anstoßes in seinem ganzen Unternehmen erscheinen, so daß er beinahe zwangsläufig dazu kommen mußte, die Gewalt für ein bloßes Randphänomen zu erklären. Ob Clausewitz den Krieg »die Fortsetzung der Politik mit veränderten Mitteln« nennt, oder ob Engels die Gewalt als eine »die gesetzmäßige ökonomische Entwicklung« beschleunigende Kraft definiert,[9] der Akzent liegt bei beiden auf der politischen oder wirtschaftlichen Kontinuität, auf der Kontinuität eines Prozesses, der determiniert bleibt durch Faktoren, die schon vor der gewaltsamen Aktion existierten. Demgemäß war man bis vor kurzem noch der Meinung, auf dem Gebiete der Außenpolitik gelte »die Maxime, daß keine militärische Lösung von Dauer sein könne, die im Widerspruch zu den tieferen kulturellen Quellen nationaler Macht steht«, oder daß, wie Engels sagt, die politische Macht mit ihren Gewaltmitteln notwendigerweise unterliegen muß, »wo die … innere Staatsgewalt eines Landes in Gegensatz tritt zu seiner ökonomischen Entwicklung«.[10]

Nichts von alledem trifft auf die Bedingungen zu, unter denen wir leben. Es ist, als habe sich das Verhältnis von Politik und Krieg, von Macht und Gewalt umgekehrt. Die Friedenspolitik, die auf den Zweiten Weltkrieg folgte, war der Kalte Krieg, also die Fortsetzung des Krieges mit anderen Mitteln, und ein Atomkrieg kann überhaupt nicht mehr als »Mittel« betrachtet werden, es sei denn als »das Selbstmordmittel für die ganze Welt«.[11] Aber wir brauchen uns nicht an die Extreme zu halten, in denen ein paar Bomben genügen würden, »alle anderen Machtquellen eines Landes in wenigen Augenblicken zu vernichten«.[12] Wir wissen von biologischen Kampfmitteln, die es »kleinen Gruppen Einzelner ermöglichen, ... das strategische Gleichgewicht über den Haufen zu werfen«, und die zudem wegen ihrer geringen Herstellungskosten auch für »Länder, die sich eine eigene nukleare Streitmacht nicht leisten können«, erschwinglich sind;[13] zudem werden vermutlich »innerhalb weniger Jahre« Roboter »den Einsatz von Menschen in Kampfhandlungen überflüssig gemacht haben«;[14] schließlich beobachten wir bereits heute, um wieviel weniger verwundbar die armen Länder in konventionell geführten Kriegen sind als die Großmächte, eben weil sie »unterentwickelt« sind und weil im Guerillakrieg technische Überlegenheit »viel eher eine Belastung als ein Vorteil ist«.[15] All dies läuft auf eine Umkehrung des Verhältnisses von Macht und Gewalt hinaus; von nun ab kann die »Staatsgewalt eines Landes in Gegensatz [treten] zu seiner ökonomischen Entwicklung«, ohne daß dies »mit dem Sturz der politischen Gewalt« zu endigen braucht.[16]

Zudem zeichnet sich in der Umkehrung von Macht und Gewalt eine vermutlich noch entscheidendere Umkehrung des Kräfteverhältnisses zwischen den Staaten ab; die Kleinstaaten oder auch die unterentwickelten Länder brauchen nicht mehr notwendigerweise den Großmächten und voll entwickelten Industriestaaten unterlegen zu sein. Das Quantum an Gewaltmitteln, über das ein Land verfügt, wird vermutlich in absehbarer Zukunft kein sicheres Indiz seiner Stärke und keine verläßliche Garantie gegen Zerstörung seitens einer erheblich kleineren und schwächeren Macht mehr bieten. Und dies wiederum erinnert in bedenklicher Weise an eine der ältesten Einsichten der politischen Wissenschaft: daß nämlich Macht und Wohlstand nicht zusammenfallen; daß wirtschaftliche Potenz und gesellschaftlicher Reichtum vielmehr ein Staatswesen genauso unterminieren können wie wirtschaftliche Unfähigkeit und gesellschaftliches Elend; daß schließlich gerade Republiken für die Gefahren des Wohlstandes besonders anfällig sind – Einsichten, die heute vergessen sind, aber darum nichts von ihrer Gültigkeit eingebüßt haben, zumal nicht in einer Zeit, in der ihre Wahrheit sich in einer neuen Dimension, der Dimension der Gewalt, manifestiert.

Nun haben die Ereignisse und Debatten der letzten Jahre merkwürdigerweise gezeigt, daß, je selbstmörderischer sich die Gewalt als letzte Instanz der Außenpolitik erweist, desto höher ihr Ansehen in Fragen der Innenpolitik gestiegen ist, vor allem in Sachen der Revolution. Der starke marxistische Einschlag in der Rhetorik der Neuen Linken koinzidiert mit einem stetigen Anwachsen der von Mao Tse-tung verkündeten, ganz und gar unmarxistischen Überzeugung: »Die politische Macht kommt aus den Gewehrläufen.« Natürlich war auch Marx sich der Rolle der Gewalt in der Geschichte bewußt, aber für ihn war sie sekundär; nicht Gewalt, sondern die der alten Gesellschaft inhärenten Widersprüche würden ihr ein Ende bereiten und in die Revolution führen. Das Aufkommen einer neuen Gesellschaft werde durch gewaltsame Ausbrüche eingeleitet, nicht jedoch verursacht. Die Gewalt ist die Geburtshelferin der Geschichte, und sie macht Geschichte oder Revolution so wenig wie die Hebamme das Kind erzeugt oder gebiert. In derselben Weise betrachtet Marx den Staat als ein Instrument der Gewalt im Dienst der herrschenden Klasse; doch die wirkliche Macht der herrschenden Klasse beruht nicht auf deren Gewaltmitteln und verläßt sich nicht auf sie. Sie ist definiert durch die Rolle, die diese Klasse in der Gesellschaft bzw. dem gesellschaftlichen Produktionsprozeß spielt. Man hat oft festgestellt, gelegentlich auch bedauert, daß die revolutionäre Linke unter dem Einfluß Marxscher Lehren der Anwendung von Gewalt abgeschworen hat; die »Diktatur des Proletariats« – die in Marx' Schriften tatsächlich offen repressiven Charakter trägt – sollte erst nach der Revolution kommen und war wie die Diktatur im alten Rom für eine streng befristete Periode gedacht. Politischer Mord – einzelne Akte »individuellen Terrors« von seiten kleiner Anarchistengruppen ausgenommen – war weitgehend das Prärogativ der Rechten, während der bewaffnete Aufstand und der Staatsstreich den Militärs vorbehalten blieben. Die Linke blieb mit Engels überzeugt, »daß alle Verschwörungen nicht nur nutzlos, sondern sogar schädlich sind. [Die Kommunisten] wissen zu gut, daß Revolutionen nicht absichtlich und willkürlich gemacht werden, sondern daß sie überall und zu jeder Zeit die notwendige Folge von Umständen waren, welche von dem Willen und der Leitung einzelner Parteien und ganzer Klassen durchaus unabhängig sind.«[17]

Auf dem Felde der politischen Theorie gibt es einige wenige Ausnahmen. Georges Sorel, der Anfang des Jahrhunderts den Marxismus mit Bergsons Lebensphilosophie zu kombinieren versuchte – ein Unternehmen, das auf weit niedrigerem intellektuellem Niveau eine eigentümliche Ähnlichkeit mit Sartres Amalgamierung von Existentialismus und Marxismus aufweist –, interpretierte den Klassenkampf mit militärischen Begriffen, hatte jedoch letzten Endes nichts Gewaltsameres vorzuschlagen als den »Mythos des Generalstreiks«, eine Form der Aktion, die wir heute eher dem Arsenal der gewaltlosen Politik zuweisen würden. Vor fünfzig Jahren trug ihm selbst dieser bescheidene Vorschlag, ungeachtet seiner Begeisterung für Lenin und die russische Revolution, den Ruf eines Faschisten ein. Noch Sartre, der in seinem Vorwort zu Fanons *Die Verdammten dieser Erde* in der Glorifizierung der Gewalt weit über Sorels berühmte *Réflexions sur la violence* hinausgeht – weiter auch als Fanon selbst, aus dessen Argumentation er die Konsequenzen ziehen will –, spricht von Sorels »faschistischen Äußerungen«. Dies zeigt, wie wenig sich Sartre über seinen fundamentalen Widerspruch zu Marx in puncto Gewalt im klaren ist, so wenn er etwa behauptet: »Diese ununterdrückbare Gewalt ... das ist der Mensch, der sich selbst schafft«, und meint, daß erst in der »außer sich geratenen Wut« die »Verdammten dieser Erde« zu Menschen werden. Diese Vorstellungen sind um so bemerkenswerter, als die Idee des sich selbst schaffenden Menschen durchaus in der Tradition des Hegel- und Marxschen Denkens liegt; sie ist in der Tat die theoretische Basis jedes linken Humanismus. Aber nach Hegel »produziert« sich der Mensch durch das Denken,[18] und bei Marx, der Hegels »Idealismus« »vom Kopf auf die Füße« stellt, übernimmt diese Funktion die Arbeit als die menschliche Form des »Stoffwechsels mit der Natur«. Und obwohl man einwenden könnte, daß alle Vorstellungen vom sich selbst schaffenden Menschen auf eine Rebellion gegen eines der Grundfakten menschlicher Existenz hinauslaufen – schließlich ist nichts offenkundiger, als daß der Mensch, als Gattungswesen wie als Individuum, seine Existenz *nicht* sich selbst verdankt – und daß somit, was Sartre, Marx und Hegel gemeinsam haben, von größerer Relevanz ist als die spezifischen Wege zur Verwirklichung dieses Nonfactums (der Selbsterschaffung), so läßt sich doch kaum leugnen, daß ein Abgrund die wesentlich friedlichen Tätigkeiten des Denkens und Arbeitens von allen Tätigkeitsformen der Gewalt trennt. »Einen Europäer umbringen heißt zwei Fliegen mit einer Klappe schlagen ... Was übrig bleibt, ist ein toter Mensch und ein freier Mensch«, schreibt Sartre in seinem Vorwort zu Fanon. Diesen Satz hätte Marx nie schreiben können. (s. Exkurs 1)

Ich habe Sartre zitiert, um hervorzuheben, daß dieser neue Trend zur Gewalt im Denken der heutigen Revolutionäre selbst einem ihrer repräsentativsten und artikuliertesten Wortführer entgehen konnte (s. Exkurs 2). Ich halte das für um so bemerkenswerter, als es zeigt, daß wir es hier nicht mit einem abstrakten, ideengeschichtlich zu erklärenden Phänomen zu tun haben. (Wenn man den »idealistischen« *Begriff* des Denkens umkehrt, kann man wohl zu dem »materialistischen« *Begriff* der Arbeit kommen, nie jedoch zur Idee der Gewalt.) Zweifellos hat eine solche Entwicklung ihre guten Gründe, aber diese Gründe stammen nicht aus theoretischen Überlegungen, sondern aus der Erfahrung, und zwar aus Erfahrungen, die früheren Generationen unbekannt waren.

Das Pathos und der Elan der Neuen Linken, das, was ihr Glaubwürdigkeit verleiht, hängen aufs Engste zusammen mit der unheimlichen, selbstmörderischen Entwicklung der modernen Waffen. Dies ist die erste Generation, die im Schatten der Atombombe aufgewachsen ist. Von der Generation ihrer Väter hat sie die Erfahrung des Verbrecherstaats, des massiven Einbruchs der Kriminalität in die Politik, geerbt; sie weiß Bescheid über Konzentrations- und Vernichtungslager, über Völkermord, Folter und Terror,[19] über die Massaker der Zivilbevölkerung im Kriege, den die moderne Kriegsführung, auch wenn sie sich auf »konventionelle« Waffen beschränkt, unweigerlich zur Folge hat. Die erste Reaktion war Abscheu gegen Gewalt in all ihren Formen, ein fast selbstverständliches Eintreten für eine Politik der Gewaltlosigkeit. Die Bewegung setzte in Amerika mit dem Kampf um die Bürgerrechte der Neger ein; die anfänglichen Erfolge waren sehr groß. Auf sie folgte die Widerstandsbewegung gegen den Krieg in Vietnam, die wiederum in beträchtlichem Ausmaß das Klima der öffentlichen Meinung in Amerika bestimmt hat. Auch sie war in den Anfangsstadien prinzipiell gewaltlos. Aber wir wissen alle, daß die Dinge sich seither geändert haben, und es ist vergeblich, sich diesen Tatbestand mit der Redensart von der »Handvoll von Extremisten« zu verschleiern, die allein der Faszination durch die Gewalt erliegen und – wie Fanons algerische Bauern – entdeckt haben, daß »nur die Gewalt sich auszahlt«.[20]

Man hat die Rebellen als Anarchisten denunziert, als Nazis, rote Faschisten, ja als Konterrevolutionäre und, mit erheblich mehr Berechtigung, als die Maschinenstürmer des 20. Jahrhunderts (s. Exkurs 3), und die Studenten haben mit ebenso unsinnigen Schlagworten geantwortet, mit »Polizeistaat«, »latenter Faschismus des Spätkapitalismus« oder, mit erheblich mehr Berechtigung, »Konsumgesellschaft«.[21] Man hat alle nur erdenklichen sozialen und psychologischen Gründe für ihr Verhalten gefunden – in Deutschland oder Japan soll natürlich die zu autoritäre Erziehung an allem schuld sein, in Amerika dagegen das Fehlen derselben; in Osteuropa die Freiheitsberaubung, im Westen hingegen ein Übermaß an Freiheit; in Frankreich der verhängnisvolle Mangel an Arbeitsplätzen für Soziologiestudenten, in Amerika wiederum die bis vor kurzem unbegrenzten Möglichkeiten für Sziologen, Psychologen und Politologen, die darum nicht weniger rebellisch waren als ihre Kollegen in Europa. Da es sich hier um ein weltweites Phänomen handelt, können die Ursachen, auch wenn sie jeweils noch so plausibel erscheinen, nicht gut lokaler Natur sein. Einen gemeinsamen sozialen Nenner gerade scheint es nicht zu geben, aber psychologisch fällt doch auf, daß diese Generation überall sich durch gewisse Eigenschaften auszeichnet: sie ist ungewöhnlich mutig, sie hat Lust am Handeln und besitzt auch, wenigstens in Ländern mit politischer Tradition, einige Erfahrung darin und verfügt über einen vorläufig noch nicht aufgebrauchten Vorrat an Vertrauen in die Möglichkeit, durch Handeln die Welt zu verändern.[22]

Aber solche Qualitäten sind keine Ursachen, und wenn man fragt, was denn nun eigentlich diese gänzlich unvorhergesehene Entwicklung an den Universitäten in der ganzen Welt ausgelöst hat, kann man nicht gut übersehen, daß *eine* Erfahrung dieser Generation in der Tat überall gemeinsam ist, die überdies ohne Beispiel und ohne Analogie ist – die Erfahrung, daß gerade der »Fortschritt« in mancherlei Hinsicht das Leben auf der Erde katastrophal bedroht (s. Exkurs 4). Mit diesen »Fortschritten«, bzw. ihren wissenschaftlichen Grundlagen, werden sie an den Universitäten vertraut gemacht, und was sie dabei lernen, ist unter anderem auch, daß die Wissenschaften nicht nur unfähig scheinen, die verhängnisvollen Folgen ihrer eigenen Technik rückgängig zu machen, sondern daß man nun nachgerade das Stadium erreicht hat, »where there's no damn thing you can do that can't be turned into war«.[23] (In Amerika ist im Interesse der Universitäten zweifellos nichts dringlicher als die Liquidierung der Waffenforschung und aller Unternehmungen, die mit dem Militärestablishment zu tun haben (s. Exkurs 5). Aber es wäre naiv zu meinen, daß man damit das Wesen der modernen Naturwissenschaften ändern oder auch nur verhindern könnte, daß rein wissenschaftliche Entdeckungen für Rüstungszwecke benutzt werden, ganz abgesehen davon, daß die für die Integrität der Universität als einer Institution unabdingbare, rigorose Entpolitisierung sehr wohl dazu führen könnte, daß sie an wissenschaftlichem Niveau verliert.[24]) Kurz, der anscheinend unwiderstehliche technische Fortschritt, der im Verlauf der industriellen Revolution nur bestimmte Volksschichten mit Erwerbslosigkeit bedrohte und die Maschinenstürmerei auslöste, bedroht heute die Existenz ganzer Volksgruppen und potentiell die der Menschheit, ja des organischen Lebens überhaupt.

Bei der neuen Generation haben wir es mit einer Menschengruppe zu tun, der die unheimlich destruktiven Tendenzen des rasanten technischen »Fortschritts« der letzten Jahrzehnte in Fleisch und Blut sitzen, sie ist »gleichsam die Inkarnation der Zukunftsprobleme, die der älteren Generation abstrakt und unverständlich erscheinen«.[25] Daß diese Generation stärker im Bewußtsein eines Jüngsten Gerichts, das die Menschheit sich selbst bereitet, lebt als die »über Dreißig«, ist nur natürlich, nicht weil sie jünger sind, sondern weil dies ihre ersten und entscheidenden Erfahrungen in der Welt waren. Fragt man einen Angehörigen dieser Generation: »Wie soll die Welt in fünfzig Jahren aussehen?« und »Wie möchtest Du, daß Dein Leben in fünf Jahren aussieht?«, so wird man viele verschiedene Antworten hören, aber sie werden fast durchgängig von einem: »Vorausgesetzt, daß es dann noch eine Welt gibt« und »Vorausgesetzt, daß ich dann noch lebe«, eingeleitet sein. In der Tat: »Womit wir konfrontiert sind, ist eine Generation, die in keiner Weise sicher ist, daß sie eine Zukunft hat«, (George Wald), oder für die, in den Worten Stephen Spenders, »die Zukunft eine vergrabene Zeitbombe [ist], deren Zeitzünder in der Gegenwart abläuft«; die man also als die Gruppe definieren könnte, die das leise Ticken der Bombe im Lärm der Gegenwart hört.[26] Jedenfalls dürften wir alle die Erfahrung gemacht haben, daß diejenigen, die sich am heftigsten und kompromißlosesten über sie entrüsten, zumeist auch der Meinung sind, daß wir in der besten aller möglichen Welten leben, und sich weigern, die Dinge, wie sie wirklich sind, auch nur zur Kenntnis zu nehmen.

Zwar ist die Studentenrebellion ein weltweites Phänomen, ihre Manifestationen aber sind natürlich lokal bestimmt und darum recht verschieden. Dies gilt besonders für die Frage der Gewalt. Wo der Generationsbruch nur den eben erwähnten Faktoren geschuldet ist und nicht mit handfesten Interessen zusammengeht, ist Gewalt zumeist eine theoretische Angelegenheit und eine Sache des rhetorischen Stils geblieben. In den USA jedenfalls kam es zu einer ernsteren Radikalisierung der Studentenbewegung anfänglich nur, wo die Polizei, oft mit großer Brutalität, gegen gewaltlose Demonstrationen, Besetzungen von Gebäuden, Sit-ins usw. eingriff. Dies hat sich erst mit dem Auftreten der Black-Power-Bewegung geändert. Im Gefolge der Bürgerrechtsbewegung haben die Universitäten und Colleges eine große Anzahl von Negerstudenten aufgenommen, ohne von ihnen die üblichen akademischen Qualifikationen zu verlangen; und die Folge war, daß diese Studenten, die besser als irgendjemand sonst wußten, daß der ihnen gebotene Nachhilfeunterricht ein hoffnungsloses Unternehmen war, sich von der Studentenschaft absonderten, organisierten und nun verständlicherweise einfach forderten, das Universitätsniveau so weit zu senken, daß sie mitkommen konnten – bzw. da dies vielleicht doch nicht möglich war, ihnen ein eigenes »Studiengebiet«, die sog. »Black studies«, einzurichten. Jetzt wurde die Universität zum erstenmal mit einer universitätsfremden, gesellschaftlichen Interessengruppe konfrontiert, da die Negerstudenten zu Recht oder Unrecht beanspruchen, im Namen der Negerbevölkerung zu sprechen und ihre Interessen zu vertreten. Die hierbei sich ergebenden Konflikte waren und sind natürlich erheblich gefährlicher als universitätsinterne Interessenkollisionen, wie wir sie auch aus anderen Ländern kennen. Wo immer gesellschaftliche Interessen aufeinanderprallen, ist die Gefahr der Gewalttätigkeit gegeben; und obwohl die Negerstudenten gewöhnlich erheblich vorsichtiger vorgehen als die weißen Rebellen, mit denen sie nichts zu tun zu haben wünschen, da ja in der Tat keine gemeinsamen Interessen existieren, so war es doch von vornherein – und nicht erst nach den Vorfällen an der Cornell-Universität und am City College in New York – klar, daß Gewalt für sie keine theoretische oder bloß rhetorische Angelegenheit ist. Hinzu kommt, daß, im Gegensatz zu den weißen Studenten, die, jedenfalls im Westen, auf keine Unterstützung aus anderen Bevölkerungskreisen rechnen können, ja zumeist in der Öffentlichkeit ausgesprochener Feindseligkeit begegnen, hinter den schwarzen organisierten Studenten zumindest die Black-Power-Bewegung, also eine nicht unerhebliche Minderheit der Negerbevölkerung steht. Hier liegt eine Parallele mit der in Amerika auch recht gewalttätigen Arbeiterbewegung in den zwanziger und dreißiger Jahren nahe; viel entscheidender aber ist die offensichtliche Neigung der Universitätsbehörden, den oft absurden Forderungen der Negerstudenten entgegenzukommen, auch wenn ihre Erfüllung den Interessen der Universität nur schaden kann. Man hat den Eindruck, daß nicht nur die Administration, sondern auch die Fakultäten sich erheblich wohler in diesen reinen Interessenkämpfen fühlen, bei denen man doch weiß wie und wo, als wenn sie sich den uneigennützigen und gemeinhin hochmoralischen Forderungen der Rebellen gegenübersehen. Interesse plus Gewalt oder Erpressung, das versteht man; »Mitbestimmungsdemokratie« und gewaltloser Widerstand mit allen seinen oft auch nicht sehr feinen Kniffen ist, denkt man, viel bedrohlicher.

Wie steht es nun aber mit der allgemeinen theoretischen Verherrlichung der Gewalt, die wir auch bei denen finden, die keine gesellschaftlichen Interessen repräsentieren? Das Merkwürdige an der Rhetorik der Neuen Linken ist, daß sie zwar im wesentlichen eindeutig von Fanon inspiriert ist, aber trotzdem in ihrer theoretisch-kritischen Argumentation kaum mehr bietet als ein meist recht primitives, mit Schlagwörtern durchsetztes Gemisch aus allen möglichen marxistischen Restbeständen. Dies Amalgam von Fanon und Marx ist für Leute, die Marx und Engels gelesen (und nicht nur Zitate aufgeschnappt) haben, einigermaßen verblüffend. Wer kann im Ernst eine Ideologie marxistisch nennen, die ihre Hoffnung »auf die Erwerbslosen und Deklassierten« setzt, die meint, daß »der Aufstand seine städtische Vorhut im Lumpenproletariat« finden werde, und darauf baut, daß »die Gangster … dem Volk die Leuchtfeuer, die Aktionspläne und die ›Helden‹ liefern« werden?[27] Sartre hat mit dem ihm eigenen Geschick die Formel für den Glauben gefunden, der hinter dieser Rhetorik steht: »Die Gewalt gleich der Lanze des Achill ist imstande, die Wunden zu heilen, die sie schlägt.« Wenn das stimmte, dann wäre Rache eine Art Allheilmittel. Diese neuen Vorstellungen von der Gewalt und dem, was sie vermag, sind abstrakter, realitätsferner als es Sorels Mythos vom Generalstreik je war. Sie stehen auf einer Stufe mit Fanons ärgsten rhetorischen Entgleisungen – wie daß es besser sei, in Würde zu hungern als das Brot der Sklaverei zu essen. Es bedarf keiner Geschichte und keiner Theorie, um diesen Ausspruch als Unsinn zu durchschauen; es genügt die flüchtigste Beobachtung der Körperprozesse. Hätte aber Fanon gesagt, daß es besser sei, sein Brot in Würde zu essen als Kuchen in der Sklaverei, was natürlich richtig ist, so wäre die rhetorische Pointe verloren.

Liest man solche unverantwortlich großsprecherischen Redensarten – und die von mir zitierten sind recht typisch, nur daß Fanon immer noch realitätsnäher ist als die meisten anderen – und betrachtet man sie aus der Perspektive der Geschichte der Rebellionen und Revolutionen, so ist man leicht versucht, ihnen jede Bedeutung abzusprechen und sie bestenfalls mit der Ratlosigkeit und Gefühlsnoblesse zu entschuldigen, die sich stimmungsmäßig leicht einstellen, wenn eine Generation sich unversehens mit Ereignissen und Entwicklungen konfrontiert sieht, auf die sie geistig in keiner Weise vorbereitet ist oder sein kann. Das Ergebnis jedenfalls ist ein kurioses Wiederaufleben von Gedanken und Emotionen auf der Linken, die Marx ein für allemal begraben zu haben meinte. Denn es ist ja nichts Neues, daß die Vergewaltigten von Gewalt träumen, die Unterdrückten »mindestens einmal am Tag« von Unterdrückung, die Armen von dem Reichtum der Reichen, die Verfolgten davon, »die Rolle des gehetzten Wilds mit der des Jägers« zu vertauschen, und die Letzten von dem Reich, »in dem die Letzten die Ersten« und die Ersten die Letzten sein werden.[28] Entscheidend ist nur, daß solche Träume, wie Marx wußte, sich nie verwirklichen (s. Exkurs 6). Wie selten waren Sklavenaufstände in der Geschichte, wo hören wir schon von Revolten der Erniedrigten und Beleidigten! Und wo es schon einmal zu einer Verwirklichung solcher Träume kam, da war es die Entfesselung der »blinden Wut«, die den Traum für alle zum Albtraum werden ließ. Ich kenne keinen Fall, in dem die Kraft »vulkanischer« Ausbrüche sich mit »der Kraft des Druckes [vergleichen ließe] … mit dem die Unterdrückten unterdrückt wurden«. (Sartre) Zu meinen, daß wir in den Nationalen Freiheitsbewegungen solche Ausbrüche vor uns haben, heißt ihren Untergang prophezeien – ganz abgesehen davon, daß auch im Falle des Sieges sich weder die Welt noch das System, sondern nur das Personal, das ihm dient, ändern würde. Von einer »Einheit der Dritten Welt« zu träumen, an die man in der Ära der Entkolonisierung mit dem Wort: »Eingeborene aller unterentwickelten Länder vereinigt Euch!« appellieren könnte, heißt die schlimmsten Illusionen von Marx, nur in viel größerem Maßstab und mit erheblich weniger Berechtigung, wiederholen. Die Dritte Welt ist keine Realität, sondern eine Ideologie.[29]

Bleibt die Frage, wie es kommt, daß die neuen Prediger der Gewalt nicht merken, daß sie keine Marxisten mehr sind, und warum sie mit so hartnäckiger Zähigkeit an Begriffen und Doktrinen festhalten, die nicht nur durch die Entwicklung faktisch widerlegt sind, sondern auch eindeutig in Widerspruch zu ihrer eigenen Politik stehen. Zwar stammt die einzige positive Losung der neuen Bewegung, der Ruf nach »Mitbestimmungsdemokratie« (participatory democracy), aus dem Besten der revolutionären Tradition: dem Rätesystem, dieser immer wieder vernichteten, einzig authentisch aus der Revolution geborenen Staatsform; aber sie läßt sich weder dem Wortlaut noch dem Sinne nach bei Marx und Lenin nachweisen, die beide in den Räten nicht mehr sahen als vorübergehende Organe revolutionärer Aktion. Und dies ist auch ganz natürlich, da beiden eine Gesellschaftsordnung vorschwebte, in der zugleich mit dem Staat die Notwendigkeit politischer Betätigung und Beteiligung an öffentlichen Angelegenheiten »abgestorben« sein würde.[30] Und da der Mut dieser Generation in Sachen der Praxis mit einer ausgesprochenen Zaghaftigkeit in theoretischen Angelegenheiten Hand in Hand geht, ist die Losung der Neuen Linken rein rhetorisch-deklamatorisch geblieben, eine Art Beschwörungsformel im Kampf gegen die östlichen Einpartei-Bürokratien, welche Mitbestimmungsrecht prinzipiell ausschließen, wie gegen die westliche parlamentarische Parteien-Demokratie, die im Begriff steht, selbst ihre rein repräsentative Funktion an die riesigen Parteimaschinen zu verlieren, die nicht einmal mehr die eigenen Mitglieder, sondern nur noch die Funktionäre »repräsentiert«.

Denkt man an den Gesamttenor von Marx' Werk, so ist vielleicht noch auffallender, daß die Neue Linke sich nicht darüber klar geworden ist, in welchem Ausmaß der moralische Charakter ihrer Rebellion, den heute kaum noch jemand bestreitet (s. Exkurs 7), in Widerspruch steht zu ihrer marxistischen Rhetorik. Nichts ist in der Tat auffälliger als die Uneigennützigkeit der Bewegung, und es ist mit Recht gesagt worden, daß Péguy sich vorzüglich »zum Schutzpatron der Kulturrevolution in Frankreich geeignet hätte mit seiner Verachtung des Mandarinentums an der Sorbonne und der Losung: ›Die soziale Revolution wird eine Revolution der Moral sein oder sie wird nicht sein‹«.[31] Nun sind zwar revolutionäre Bewegungen immer von »klassenfremden« Elementen geführt worden, also denen, die an dem Umsturz persönlich kein Interesse hatten, und dies gilt natürlich auch für Marx und Lenin; aber Marx hat bekanntlich sehr erfolgreich die eigentlichen Motive der »Klassenfremden«, also das Mit-Leiden mit den Leidenden und das leidenschaftliche Engagement für Gerechtigkeit, als pure Sentimentalitäten verfemt – wenn das Establishment heute moralische Argumente als »Gefühlsduselei« *(emotional)* ablehnt, denkt es marxistischer als die Rebellen –, und das Problem einer klassenfremden, also von keinem Interesse gebundenen Führerschaft hat sich dann wenigstens theoretisch so lösen lassen, daß diese die Menschheit im Ganzen repräsentierte und sich mit den Interessen der »fortschrittlichsten« Klasse identifizierte. Und diese Identifikation, wie wir wissen, klappt heute nicht mehr. Die rebellierenden Studenten haben trotz verzweifelter Anstrengungen außerhalb der Universitäten keine Klasse, keine gesellschaftliche Gruppe hinter sich bringen können.[32] Die feindselige Haltung der Arbeiter in allen Ländern ist bekannt, und das totale Scheitern jeglicher Zusammenarbeit mit der Black-Power-Bewegung in den USA und ihren Repräsentanten an den Universitäten, die eine so viel bessere Verhandlungsbasis haben, war für die weißen Rebellen die bisher bitterste Enttäuschung. (Ob die Black-Power-Leute klug daran taten, sich so energisch zu weigern, die Rolle des Proletariats für »farbfremde« Führer zu spielen, ist eine andere Frage.) Es ist nicht weiter verwunderlich, daß man unter diesen Umständen in Amerika anfängt, Schulkinder politisch zu organisieren, oder in Deutschland, der Heimat der Jugendbewegung, auf die Idee kommt, »sämtliche Jugendverbände« als »Bundesgenossen« zu gewinnen;[33] aber dies ist offensichtlich nicht weniger absurd als die »These, daß die außerparlamentarische und antiautoritäre Opposition dort anzuknüpfen habe, wo vor hundert Jahren die Arbeiterbewegung ihren Ausgangspunkt genommen hat«.[34]

Es scheint mir außer Frage, daß die zahlreichen theoretischen Unstimmigkeiten seitens der Neuen Linken, die samt und sonders daher rühren, daß man die Wirklichkeit des zwanzigsten Jahrhunderts mit Kategorien des neunzehnten zu verstehen sucht, nicht einfach der Unfähigkeit dieser Generation geschuldet sind, anders als in abstrakten, vorgeprägten Schemata zu denken. Ich vermute vielmehr, daß der eigentliche Grund für diesen verblüffenden Konservativismus[35] einiges mit dem Fortschrittsbegriff zu tun hat, bzw. mit dem Widerstand gegen die Zumutung, den Grundbegriff aufzugeben, der seit mehr als hundert Jahren der gesamten Linken von den Liberalen über die Sozialisten zu den Kommunisten gewissermaßen heilig gewesen ist und den wir zweifellos nirgends auf einem so hohen geistigen Niveau finden wie in den Schriften von Karl Marx. (Inkonsequenz war immer die Achillesferse liberalen Denkens; nur weil der Liberalismus es mit dem Durchdenken der eigenen Theorien nie so genau genommen hat, konnte er es sich leisten, an dem Fortschrittsgedanken festzuhalten, ohne die Geschichtskategorien von Marx und Hegel zu akzeptieren.)

Die Vorstellung, daß es so etwas wie einen Fortschritt der Menschheit im Ganzen gibt, war vor dem siebzehnten Jahrhundert unbekannt, entwickelte sich im achtzehnten zu einer von den Gebildeten vielfach geteilten Meinung und wurde im neunzehnten zu einem nahezu allseits anerkannten Dogma. Aber der Unterschied zwischen diesem Dogma und den anfänglichen Vorstellungen ist doch recht entscheidend. Natürlich mußte man von Anfang an unterstellen, daß man von dem Menschengeschlecht so reden kann wie von irgendeiner Tiergattung, in welcher Pluralität nicht mehr besagt als Exemplare der gleichen Spezies. Pascal, merkwürdigerweise einer der ersten Denker, der an den Fortschritt *des* Menschen geglaubt hat, geht direkt davon aus, daß der Unterschied zwischen der menschlichen Vernunft und dem tierischen Instinkt darin bestehe, daß die »Resultate des *raisonnement* ständig zunehmen, während der Instinkt immer der gleiche« bliebe; »Bienenwaben sind vor tausend Jahren genau so wohl gebildet gewesen wie heute«. Bei den Tieren trägt die Natur nur dafür Sorge, daß die Gattungen »in einer Ordnung begrenzter Vollkommenheit« erhalten bleiben; so ist es nicht mit dem Menschen, »qui n'est produit que pour l'infinité.« »So schreitet nicht nur jeder Mensch täglich in den Wissenschaften fort, sondern alle Menschen zusammen machen darin einen ständigen Fortschritt ..., weil in der Abfolge der Menschen sich das gleiche begibt wie in den verschiedenen Altersstufen eines jeden. Daher muß die Abfolge der Generationen durch so viele Jahrtausende hindurch wie der gleiche Mensch angesehen werden, der immer weiterlebt und ständig zulernt.« Diejenigen, die wir die Alten nennen, sind eigentlich die in allen Dingen Neuen, sie bilden die Kindheit der Menschheit, und auf das Alter, das wir in ihnen verehren, haben im Grunde wir selbst Anspruch.[36]

Es ist sehr bezeichnend, daß der Fortschrittsgedanke, der bei Pascal zweifellos von den großen naturwissenschaftlichen Errungenschaften seines Jahrhunderts inspiriert war, von vornherein den Prozeß des Fortschreitens der Menschheit im Ganzen in Analogie zu den Lebensprozessen des einzelnen Exemplars der Gattung versteht. Es scheint ihm nicht aufgefallen zu sein, daß die logische Konsequenz dieser Analogie ist, daß auf den Fortschritt der Untergang folgen muß. Wenn die Menschheit eine Kindheit kennt, dann kann sie dem Alter nicht entgehen, auf den biologischen Aufstieg folgt unweigerlich ein Abstieg; die Fortschrittsideologie ist denn auch seit dem achtzehnten Jahrhundert bis in die Gegenwart immer von einer Untergangsideologie begleitet gewesen. Dieser Schwierigkeit hat das achtzehnte Jahrhundert auf die Weise Rechnung getragen, daß es Geschichte überhaupt als eine »Erziehung des Menschengeschlechts« (Lessing) begriff, die mit der Mündigkeit *des* Menschen endigt. Dieser Fortschritt war also expressis verbis nicht unbegrenzt, und Marx' klassenlose Gesellschaft in einem Reich der Freiheit ist noch ganz im Sinne der Aufklärung das Endziel der Geschichte, aber nicht das Ende der Menschheit. Diese Vorstellung ist bei Marx nicht viel mehr als eine Verlegenheitslösung, die Antwort auf die unbeantwortbare Frage: Und was dann? – ein Restbestand, der für die eigentliche Doktrin des Marxismus kaum eine Rolle spielt.

Denn mit dem Aufkommen der Industriellen Revolution hatte das, was man unter Fortschritt verstand, an Rapidität so zugenommen,[37] daß der ideologische Akzent sich von der Betrachtung des Menschengeschlechts und seiner in der Geschichte aufgespeicherten Kenntnisse auf die Bewegung des Prozesses als solchen verlagerte. In der Sicht Proudhons, der wie Marx von Hegel herkam, ist die Bewegung das »Urfaktum« (»le fait primitif«); »ewig sind nur die Gesetze der Bewegung«, und diese Bewegung hat weder Anfang noch Ende. »Le mouvement est; voilà tout!« Was den Menschen anlangt, so kann man nur sagen: »wir sind vervollkommbar, aber wir werden nie vollkommen.«[38] Man sollte meinen, daß dieser unendliche Fortschritt nicht mehr in biologischen Kategorien verstanden werden konnte, schließlich ist der *Lebens*prozeß, was das Individuum anlangt, von Geburt und Tod begrenzt. Damit wäre aber der Fortschritt des Menschen*geschlechts* im Ganzen nicht mehr vorstellbar gewesen; Fortschritt als das Grundgesetz der Geschichte ist undenkbar, wenn man ihm nicht die Vorstellung der Menschengattung, verkörpert in dem Begriff *des* Menschen als eines Gattungswesens, zugrunde legt.

Marx' von Hegel entliehene Idee, daß jede alte Gesellschaft den Keim der auf sie folgenden ebenso in sich trägt wie jeder lebende Organismus den Keim seiner Nachkommenschaft, ist in der Tat nicht nur die genialste, sondern die einzig mögliche Konzeption, die eine Kontinuität des Fortschritts in der Geschichte garantieren kann; und da die fortschrittliche Bewegung durch »Widersprüche« bzw. durch Kräfte zustandekommt, von denen eine jede die ihr eigene Gegenkraft selbst erzeugt, kann jeder »Rückschritt« als notwendiger und notwendig vorübergehender Rückschlag aufgefaßt werden. Nun ist natürlich eine Garantie, die letzten Endes auf nicht viel mehr als einer Metapher beruht, nicht gerade die solideste Basis einer Doktrin, aber dies ist ein Schönheitsfehler, den der Marxismus leider mit einer ganzen Anzahl von philosophischen Lehrmeinungen teilt. Im Vergleich mit anderen Geschichtsauffassungen, die sich historisch genauso gut dokumentieren und rechtfertigen lassen – wie etwa die Lehre von der ewigen Wiederkunft des Gleichen oder des Aufstiegs und Untergangs einzelner Völker oder auch der rein zufälligen Abfolge wesentlich unzusammenhängender Ereignisse – besitzt die Fortschrittsidee den großen Vorteil, ein gradlinig verlaufendes Zeitkontinuum zu gewährleisten, das die geschichtliche Kontinuität, in der Fortschritt statthaben soll, erst ermöglicht. Solch ein Kontinuum sichert sonst nur die uralte Vorstellung von dem goldenen Zeitalter, mit dem alle geschichtliche Entwicklung anhebt, und sie hat den Nachteil, daß sie den unendlichen Rückschritt impliziert.

Zwar sind mit der beruhigenden Vorstellung, daß wir nur in die Zukunft zu marschieren brauchen, was wir ja ohnehin tun, um eine bessere Welt zu finden, einige beunruhigende Nebenerscheinungen verknüpft. Da ist einmal die einfache Tatsache, daß die

Zukunft der Menschheit dem Einzelnen, dessen einzig gewisse Zukunft der Tod ist, kaum etwas zu bieten hat, es sei denn die Hoffnung, daß seine Kinder und Kindeskinder besser dran sein werden als er selbst. Und da ist ferner, wenn man von dem Menschenschicksal absehen will, der ebenso einfache Einwand gegen den Fortschrittsglauben, den etwa Alexander Herzen wie folgt formuliert: »Die menschliche Entwicklung ist eine chronische Ungerechtigkeit, da die Späteren von den Anstrengungen ihrer Vorgänger profitieren können, ohne denselben Preis zu zahlen«,[39] und den wir bereits bei Kant finden: »Befremdend bleibt es immer hierbei: daß die älteren Generationen nur scheinen um der späteren willen ihr mühseliges Geschäft zu treiben ... und daß doch nur die spätesten das Glück haben sollen, in dem [vollendeten] Gebäude zu wohnen.«[40]

Daß sich der Fortschrittsgedanke gegen diese doch erheblichen Einwände hat durchsetzen können, ja daß sie kaum je ernsthaft in Betracht gezogen wurden, ist verständlich genug. Nicht nur kann diese letztlich unbewiesene und unbeweisbare Hypothese die Vergangenheit auslegen, ohne das Zeitkontinuum aufzubrechen, sie liefert vor allem auch dem Handeln einen Zukunftsentwurf, an dem es sich orientieren kann. Dies eben ist es, was Marx entdeckte, als er Hegel vom Kopf auf die Füße stellte: Er akzeptierte von Hegel die Idee der einen in sich schlüssigen Menschheitsgeschichte, die sich dem rückwärts gewandten Blick des Historikers erschließt; in der Marxschen Konzeption ändert sich diese Blickrichtung, der Historiker wird zum Politiker, indem er, aufgrund der gleichen Hypothese, vertrauensvoll in die Zukunft blickt. Der Fortschrittsgedanke beantwortet die höchst unbequeme Frage, die sich jeder neuen Generation stellt: Und was machen wir nun? Auf dem untersten Niveau lautet die Antwort: Laßt uns, was wir haben, verbessern, erweitern, vergrößern, vervielfachen (statt einem Auto pro Familie zwei). (Die Vorstellung, daß der wirtschaftliche Stand eines Landes an der Wachstumsrate der Produktion und des

Nationaleinkommens abzulesen ist, ist das A und O aller Wirtschaftstheorien; sie beruht auf einem blinden Glauben an Fortschritt, den alle teilen.) Auf dem erheblich weniger primitiven Niveau der Linken gilt es, die der Gegenwart jeweils inhärenten Widersprüche in die auf sie notwendigerweise folgenden Synthesen zu entwickeln. In beiden Fällen meint man, daß etwas ganz und gar Neues und Unvorhersehbares sich nicht ereignen kann, nichts, was nicht »notwendigerweise« aus dem folgt, was wir kennen.[41] Wie beruhigend, wenn man mit Hegel sagen kann: »Es kommt nichts Anderes heraus, als was schon vorhanden war«.[42]

Ich brauche kaum hinzuzufügen, daß alle unsere Erfahrungen in diesem Jahrhundert, das uns ständig mit dem völlig Unerwarteten, von niemandem Vorhergesehenen konfrontiert hat, in flagrantem Widerspruch zu diesen Vorstellungen und Lehrmeinungen stehen. Deren Popularität beruht gerade darauf, daß sie ein bequemes, sei es spekulatives, sei es pseudowissenschaftliches Ausweichen vor der Wirklichkeit ermöglichen. Zu dem gänzlich Unerwarteten gehört auch eine Studentenrebellion, die sich nahezu ausschließlich in moralischen Kategorien versteht. Diese Generation, der man auf den Universitäten kaum etwas anderes in Soziologie und Politologie angeboten hat als die verschiedenen Varianten der Interessenpolitik bzw. ihrer Entlarvung, hat uns eine Lektion über die Manipulierbarkeit von Menschen oder besser deren Grenzen erteilt, die nur ein erneutes Ausweichen vor der Wirklichkeit wieder zunichte machen könnte. »Manipuliert« werden können Menschen nur durch physischen Zwang, durch Furcht, Folter oder Hunger, und die Meinungsbildung kann zuverlässig nur durch organisierte, gezielte Falschinformation gelenkt werden, aber weder durch »hidden persuaders«, Fernsehen, Reklame oder andere psychologische Mittel, deren sich die freien Länder gern bedienen.

Zweifellos verdient es die Fortschrittsideologie, ernster genommen zu werden als die meisten Dinge, die auf dem Jahrmarkt des

Aberglaubens in unserem Jahrhundert angeboten worden sind.[43] Schließlich entstammt sie den erstaunlichen Fortschritten der Naturwissenschaften seit dem Beginn der Neuzeit, und wenn sich seit dem neunzehnten Jahrhundert der Glaube an einen *unbegrenzten* Fortschritt durchsetzen konnte, so doch auch, weil diese Wissenschaften tatsächlich »universal« waren und geblieben sind. Wenn der Gegenstand der Forschung das für den menschlichen Verstand in jedem Sinn unendliche Universum und nicht mehr die begrenzte Erdnatur ist, so liegt es nahe, einen unendlichen Fortschritt der Erkenntnis anzunehmen, wie wohl auch dies durchaus nicht sicher ist. Sicher aber ist, daß die eigentlich wissenschaftliche Forschung der Geisteswissenschaften und ihr »Fortschritt« nicht unbegrenzt sein können. Die unsinnige Forderung nach neuen Forschungsergebnissen auf Gebieten, wo alle spezifisch wissenschaftliche Arbeit schon geleistet und nur noch Gelehrsamkeit sinnvoll ist, hat entweder zu dem Aufbauschen von Nebensächlichkeiten geführt oder zu einer Art Pseudo-Forschung, die sich selbst ad absurdum führt.[44]

So hat sich denn auch die Rebellion der Jugend, soweit sie nicht ausschließlich moralisch-politisch motiviert ist, vor allem gegen die akademische Verherrlichung der geistes- und naturwissenschaftlichen Disziplinen gerichtet, die in ihren Augen, wenn auch aus verschiedenen Gründen, gleichermaßen kompromittiert sind – die einen wegen ihrer Irrelevanz, die anderen wegen der ihnen inhärenten Technik. Und es ist in der Tat durchaus möglich, daß wir in beiden Fällen an einem Wendepunkt stehen, dem Punkt, an dem die Ergebnisse unseres wissenschaftlichen Tuns sich auf das jeweilige Gebiet selbst zerstörerisch auswirken. Nicht nur fällt der Fortschritt der Naturwissenschaften nicht mehr mit dem Fortschritt der Menschheit (was immer man darunter verstehen mag) zusammen, er könnte das Ende der Natur und der Menschengattung bedeuten, so wie der weitere Fortschritt in den Geisteswissenschaften schließlich mit der Zerstörung des geistigen

Gutes enden könnte, um dessentwillen die Forschung sich überhaupt erst auf den Weg gemacht hatte. Kurz, Fortschritt kann auf keinem wissenschaftlichen Feld mehr als Maßstab und Kriterium dienen, mit denen man die von uns entfesselten, reißenden Veränderungsprozesse messen oder beurteilen könnte.

Bevor wir uns nun dem Problem der Gewalt zuwenden, möchte ich vor einem naheliegenden Mißverständnis warnen. Wenn wir unter Geschichte einen kontinuierlich chronologischen Prozeß verstehen, dessen Fortschreiten in der einmal eingeschlagenen Richtung zudem automatisch vonstatten geht, bzw. von Menschen nur verzögert oder beschleunigt werden kann, so liegt es nahe, in der Gewalt in Form von Kriegen und Revolutionen die einzig mögliche Unterbrechung solcher Abläufe zu sehen. Wenn dies stimmte, wenn nur das gewalttätige Handeln imstande wäre, automatische Prozesse im Bereich der menschlichen Angelegenheiten zu unterbrechen, dann hätten die Befürworter der Gewalt in einem sehr entscheidenden Punkt gewonnen. (Soviel ich weiß, hat keiner der Gewalt-Theoretiker je auf diesen Punkt hingewiesen, aber es scheint mir unbestreitbar, daß diese Überzeugung hinter den vielfach rein destruktiven Studentenaktivitäten steht.)[44a] In Wahrheit jedoch ist es die Funktion jeden Handelns, im Unterschied zu einem bloß reaktiven Sichverhalten (behavior), Prozesse zu unterbrechen, die sonst automatisch und damit voraussagbar verlaufen würden.

II

Unsere Überlegungen über das Wesen und die Rolle der Gewalt in der Politik sind von diesem Erfahrungshorizont vorgezeichnet. Theoretisch fällt vorerst auf, daß Sorels Bemerkung vor etwa sechzig Jahren: »Die Probleme der Gewalt sind immer noch sehr dunkel«,[45] nicht überholt ist. Ich erwähnte bereits, daß Gewalt kaum je als ein eigenständiges Phänomen beachtet worden ist; bei näherem Zusehen stellt sich indessen heraus, daß die Sache wesentlich komplizierter liegt. Sieht man sich nämlich die sehr große Literatur über das Phänomen der Macht an, so wird man schnell gewahr, daß man die Gewalt deshalb nicht beachtet hat, weil man von Links bis Rechts der einhelligen Meinung ist, daß Macht und Gewalt dasselbe sind, beziehungsweise daß Gewalt nichts weiter ist als die eklatanteste Manifestation von Macht. »Alle Politik ist Kampf um die Macht; aufs höchste gesteigerte Macht ist Gewalt«, sagt der links stehende amerikanische Politologe C. Wright Mills und folgt damit nur Max Webers berühmter Definition vom Staat als »ein auf das Mittel der legitimen (das heißt: als legitim angesehenen) Gewaltsamkeit gestütztes *Herrschafts*verhältnis von Menschen über Menschen«. Und Max Weber zitiert ausdrücklich in diesem Zusammenhang Trotzki, der in Brest-Litowsk sagte: »Jeder Staat wird auf Gewalt gegründet«, und fügt hinzu: »Das ist in der Tat richtig.«[46]

Diese Übereinstimmung ist sehr merkwürdig; denn politische Macht mit der organisierten Staatsgewalt gleichzusetzen hat nur

Sinn, wenn man wie Marx den Staat als ein Instrument der Unterdrückung in der Hand der herrschenden Klasse versteht. Die Gleichsetzung von Macht und Gewalt findet sich aber auch bei nahezu allen Autoren, die weit davon entfernt sind, den Bereich des eigentlich Politischen, den Staat mit seinen Gesetzen und Institutionen, als bloßen Überbau anzusehen. So lesen wir etwa bei Bertrand de Jouvenel, dessen Buch *Du Pouvoir, Histoire naturelle de sa croissance* wohl die angesehenste, jedenfalls interessanteste neuere Abhandlung zu diesem Thema ist, wie folgt: »Dem Betrachter der Abfolge der Zeitalter stellt sich der Krieg als ein Akt dar, *der zum Wesen der Staaten gehört.*«[47] Folgt daraus nicht, daß das Ende der Kriege das Ende staatlicher Organisation bedeuten würde? Heißt das nicht, daß die Ausschaltung der militärischen Gewalt im zwischenstaatlichen Verkehr auch das Phänomen der Macht zum Verschwinden bringen würde? Max Weber geht noch einen Schritt weiter: Das spezifische Merkmal des Staates ist »das Monopol legitimer physischer Gewaltsamkeit«. »Wenn nur soziale Gebilde beständen, denen die Gewaltsamkeit als Mittel unbekannt wäre, dann würde der Begriff ›Staat‹ fortgefallen sein, dann wäre eingetreten, was man … als ›Anarchie‹ bezeichnen würde.«[48] Der »Staatssinn« ist nach Hegel ein »Sinn des Regierens und Gehorchens«.

Die Staatsmacht, ja die Existenz des Staates also beruht auf Gewalt (ganz im Sinne von Marx), und Jouvenel definiert Macht (ganz im Sinne Max Webers) als Instrument der Herrschaft. Herrschaft wiederum entspringt angeblich einem dem Menschen eigentümlichen »Trieb, andere zu unterjochen«; denn andere unter den eigenen Willen zu zwingen, erzeuge ein »unvergleichliches Lustgefühl«, sich durchzusetzen und »andere zu Instrumenten des eigenen Willens zu machen« gehöre zur Männlichkeit des Mannes[49] – was uns natürlich unweigerlich an das erinnert, was Sartre über die Selbstbefreiung des Menschen durch Gewalt sagte. »Macht« also, wie schon Voltaire meinte, »besteht darin, andere zu veranlassen, so zu handeln, wie es mir beliebt«; sie bedeutet nach Max Weber »jede Chance, innerhalb einer sozialen Beziehung den eigenen Willen auch gegen Widerstand durchzusetzen«. Strausz-Hupé zufolge bedeutet das Wort nichts anderes als »die Macht des Menschen über den Menschen«.[50] Das erinnert an Clausewitz' Definition: »Der Krieg ist ein Akt der Gewalt, um den Gegner zur Erfüllung unseres Willens zu zwingen.«[51] Und um auf Jouvenel zurückzukommen: »Befehlen und Gehorchen, ohne das gibt es keine Macht – sie braucht kein anderes Attribut. ... Jenes Etwas, ohne das Macht nicht sein kann, ihr Wesen ist der Befehl.«[52] Wenn das Wesen der Macht in der Wirksamkeit des Befehls besteht, dann gibt es in der Tat keine größere Macht als die, welche »aus den Gewehrläufen« kommt, und die einzige Schwierigkeit würde darin bestehen, daß es nun unmöglich wird zu sagen, »wodurch sich denn der Befehl der Polizei von dem Befehl eines bewaffneten Verbrechers unterscheidet«. (So Alexander Passerin d'Entrèves, der einzige mir bekannte Autor, der es für der Mühe wert hält, zwischen Gewalt und Macht zu unterscheiden. »Wir müssen zusehen, ob und in welchem Sinne Macht von Gewalt unterschieden werden kann, um dann zu ermitteln, wie eine gesetzlich limitierte Gewaltanwendung die Qualität der Gewalt selbst verändert und uns ein gänzlich anderes Bild menschlicher Beziehungen vor Augen führt.« Denn »durch die bloße Tatsache der Beschränkung hört Gewalt auf, bloße Gewalt zu sein«. Aber selbst diese Unterscheidung – sie ist der bei weitem durchdachteste Beitrag zu der Macht-Gewalt-Problematik in der ganzen Literatur – genügt nicht. Macht ist nach der Auffassung von d'Entrèves »beschränkte« oder »institutionalisierte« Gewalt. Mit anderen Worten: während die oben zitierten Autoren Gewalt als die eklatanteste Manifestation von Macht definieren, bestimmt d'Entrèves umgekehrt Macht als eine Art gemilderter Gewalt. Letzten Endes kommt das auf dasselbe heraus.[53]) Sollte also von Rechts bis Links, von Jouvenel bis Mao Tse-tung in einem für die politische Philosophie so entscheidenden Punkt wie dem des Wesens der Macht volle Übereinstimmung herrschen?

Im Sinne der Tradition politischen Denkens haben diese Definitionen viel für sich. Nicht nur sind sie die logische Folge des absoluten Machtbegriffs, der den Aufstieg des souveränen europäischen Nationalstaats begleitete, dessen früheste und immer noch größte Repräsentanten Jean Bodin und Thomas Hobbes sind; sie decken sich auch mit den Begriffen, die seit dem griechischen Altertum dazu dienten, Staatsformen als Herrschaftsformen von Menschen über Menschen voneinander zu unterscheiden – des Einen oder der Wenigen in Monarchie und Oligarchie, der Besten oder der Vielen in Aristokratie und Demokratie. Wir müßten heute diesen Grundformen noch die jüngste und vielleicht furchtbarste Herrschaftsform hinzufügen, die Bürokratie oder die Herrschaft, welche durch ein kompliziertes System von Ämtern ausgeübt wird, bei der man keinen Menschen mehr, weder den Einen noch die Wenigen, weder die Besten noch die Vielen, verantwortlich machen kann, und die man daher am besten als Niemandsherrschaft bezeichnet. (Im Sinne der Tradition, welche die Tyrannis als die Herrschaft definierte, der man keine Rechenschaft abfordern kann, ist die Niemandsherrschaft die tyrannischste Staatsform, da es hier tatsächlich Niemanden mehr gibt, den man zur Verantwortung ziehen könnte. Ein Hineintreiben in solche Niemandsherrschaft kennzeichnet heute nahezu überall die politische Situation; es ist einer der stärksten Faktoren in der Rebellion, die um die Welt geht, und trägt viel zu ihrem oft chaotischen Charakter bei. Die Unmöglichkeit, die verantwortlichen Stellen auch nur zu ermitteln und den Gegner zu identifizieren, führt theoretisch zu jenen Verallgemeinerungen, in denen alles Partikulare verschwindet und die dann nichts mehr besagen, und in der Praxis zu einem Amoklaufen, das alles und vor allem die eigene Organisation vernichtet.)

Hinzu kommt, daß die Kraft dieser aus dem griechischen Altertum stammenden Terminologie nochmals durch die jüdisch-christliche Tradition und ihre Vorstellung von »dem imperativen Charakter des Gesetzes« (d'Entrèves[54]) bestätigt wurde; denn die Definition des Gesetzes als ein Befehl, der Gehorsam verlangt, ist nicht die Erfindung der Realpolitiker, sondern die selbstverständliche Konsequenz einer sehr viel früheren und nahezu automatischen Verallgemeinerung der »Gebote« Gottes, die nun alle Gesetzesvorschriften umfaßte, als genüge das »einfache Verhältnis von Gebot und Gehorsam«, um das Wesen aller Gesetze und nicht nur das der Zehn Gebote zu bestimmen. Schließlich haben die neuzeitlichen wissenschaftlichen und philosophischen Meinungen über die Natur des Menschen das Ihre getan, um diese Traditionen, nun in säkularisierter Form, nochmals zu bekräftigen. Den zahlreichen jüngsten »Entdeckungen« auf diesem Gebiet, die dem Menschen einen angeborenen Herrschaftstrieb und einen natürlichen Aggressionsinstinkt nachsagen, sind sehr ähnliche Behauptungen aus dem neunzehnten Jahrhundert vorausgegangen. So meinte John Stuart Mill, daß »Gehorsam die erste Lektion der Zivilisation« sei, und er spricht von den zwei fundamentalen »Gemütszuständen des Menschen ... Der eine ist das Verlangen, Macht über andere auszuüben, der andere die Abneigung dagegen, Macht über sich ausüben zu lassen.«[55] Würden wir unseren Erfahrungen in diesen Dingen trauen, so sollten wir wissen, daß der Hang zur Unterwerfung, der Trieb zum Gehorsam und der Schrei nach dem starken Mann in der menschlichen Psychologie eine mindestens ebenso große Rolle spielt wie der Wille zur Macht, und daß diese Unterwerfungsinstinkte politisch vermutlich erheblich relevanter sind. Immerhin mag die uralte Redensart »Wer befehlen will, muß gehorchen lernen«, die sich so oder anders in allen Jahrhunderten und bei allen Völkern findet,[56] auf eine psychologische Wahrheit weisen. Wille zur Macht und Unterwerfungsinstinkt stehen in der Tat in einem engen psychologischen Zusammenhang; es ist fraglich, ob J. S. Mill recht hat, wenn er meint, »bereitwillige Unterwerfung unter Gewaltherrschaft« und »extreme Passivität« seien immer miteinander gekoppelt. Wer nicht gehorchen will, will zumeist auch nicht befehlen, und wer befehlen will, hat zumeist auch nicht viel gegen das Gehorchen einzuwenden. (Historisch gesprochen ist die antike Sklavenwirtschaft unter diesen Voraussetzungen schlechthin unverständlich. Denn ihr ausdrücklicher Zweck war keineswegs individuelle Bereicherung, sondern die Bürger von der Bürde rein wirtschaftlicher Tätigkeiten zu befreien und ihnen so zu ermöglichen, ein Leben in der Öffentlichkeit zu führen, das von dem Prinzip der Gleichheit [Isonomie] bestimmt war. Wenn es wahr wäre, daß nichts dem Menschen köstlicher ist, als Befehle zu erteilen und über andere zu herrschen, hätte der pater familias gut daran getan, niemals sein Haus zu verlassen.)

Nun gibt es aber noch eine andere Tradition und ein ganz anderes Vokabular in diesen Dingen, die nicht weniger weit zurückreichen. Wenn die athenische Polis von ihrer Verfassung als Isonomie sprach, einer Organisation der Gleichen im Rahmen des Gesetzes, oder wenn die Römer ihre *res publica,* das öffentliche Ding, eine *civitas,* eine Bürgervereinigung nannten, so schwebte ihnen ein anderer Macht- und Gesetzesbegriff vor, dessen Wesen nicht auf dem Verhältnis zwischen Befehlenden und Gehorchenden beruht und der Macht und Herrschaft oder Gesetz und Befehl nicht gleichsetzt. Auf eben diese Beispiele griffen die Revolutionäre des achtzehnten Jahrhunderts zurück, als sie die Archive des Altertums durchstöberten, um ihre Republik zu konstituieren, also eine Staatsform, in der die Herrschaft des Gesetzes, die auf der Macht des Volkes beruht, der Herrschaft des Menschen über den Menschen ein Ende bereiten sollte. Zwar sprachen auch sie noch von Gehorsam, dem Gehorsam, den man den Gesetzen, aber keinem Menschen schuldete, aber was sie tatsächlich meinten, war eine aktive Unterstützung von Anordnungen, denen die Bürger vorerst einmal ihre Zustimmung gegeben hatten (s. Exkurs 8). Solche

Unterstützung ist niemals bedingungslos und kann es an Zuverlässigkeit nicht mit dem fraglosen Gehorsam aufnehmen, den ein Akt der Gewalt erzwingt – mit dem Gehorsam, auf den jeder rechnen kann, der mir die Pistole auf die Brust oder das Messer an die Kehle setzt, um mir die Handtasche zu entreißen oder eine Bank auszuplündern. Aber dieser Gehorsam erzeugt und verleiht keine Macht.

Was den Institutionen und Gesetzen eines Landes Macht verleiht, ist die Unterstützung des Volkes, die wiederum nur die Fortsetzung jenes ursprünglichen Konsenses ist, welcher Institutionen und Gesetze ins Leben gerufen hat. (In einem Rechtsstaat mit parlamentarischer Repräsentation gilt theoretisch, daß das Volk über die herrscht, die es regieren.) Alle politischen Institutionen sind Manifestationen und Materialisationen von Macht; sie erstarren und verfallen, sobald die lebendige Macht des Volkes nicht mehr hinter ihnen steht und sie stützt. Dies ist, was Madison meinte, wenn er sagte, daß alle Regierungen letztlich auf »Meinung« beruhen, ein Wort, das für die verschiedenen monarchischen Staatsformen so gültig ist wie für die Demokratie, die ausdrücklich ihre Legitimität aus dem Volkswillen herleitet. (»Anzunehmen, daß die Majorität nur in einer Demokratie ausschlaggebend sei, ist eine phantastische Illusion«, sagt Jouvenel mit Recht; »der Monarch, gerade weil er ein Einzelner ist, bedarf der allgemeinen Unterstützung durch die Gesellschaft mehr als irgendeine andere Staatsform.«[57] Selbst der Tyrann, der als Einer über alle herrscht, bedarf der Helfer für das Geschäft der Gewalt, obwohl sie an Zahl geringer sind als in anderen Staatsformen.) Die Stärke dieser Meinung wiederum, also die eigentliche Macht der Regierung, hängt von der Zahl derer ab, die sie teilen; sie »ist proportional der Zahl derjenigen, mit denen sie im Bunde ist«.[58] Dies ist der Grund, warum die Tyrannis, wie Montesquieu entdeckte, die gewalttätigste und zugleich die ohnmächtigste aller Staatsformen ist.

Zu den entscheidenden Unterschieden zwischen Macht und

Gewalt gehört, daß Macht immer von Zahlen abhängt, während die Gewalt bis zu einem gewissen Grade von Zahlen unabhängig ist, weil sie sich auf Werkzeuge verläßt. Eine Demokratie, die im Unterschied zu einer Republik nicht an Gesetze gebunden zu sein braucht, also eine einfache Mehrheitsherrschaft, die nur auf Macht basiert, kann Minderheiten auf eine furchtbare Weise unterdrücken und abweichende Meinungen ohne alle Gewaltsamkeiten sehr wirkungsvoll abwürgen. Ungeteilte und unkontrollierte Macht kann eine Meinungsuniformität erzeugen, die kaum weniger »zwingend« ist als gewalttätige Unterdrückung. Aber das heißt nicht, daß Gewalt und Macht dasselbe sind.

Der Extremfall der Macht ist gegeben in der Konstellation: Alle gegen Einen, der Extremfall der Gewalt in der Konstellation: Einer gegen Alle. Und das letztere ist ohne Werkzeuge, d.h. ohne Gewalt*mittel* niemals möglich. Deshalb ist die oft gehörte Behauptung, eine Handvoll unbewaffneter Extremisten sei imstande, »gewaltsam« – durch Geschrei, Spektakel, Krawall – den Abbruch starkbesuchter Vorlesungen zu erzwingen, obwohl eine große Mehrzahl für deren normale Durchführung stimmte, so irreführend. (An einer deutschen Universität soll kürzlich sogar *ein* einsamer »Protestierer« solch einen seltsamen Sieg über mehrere hundert Studenten für sich verbucht haben können.) In Wirklichkeit liegen die Dinge in solchen Fällen erheblich ernster: Die Mehrheit weigert sich einfach, von ihrer Macht Gebrauch zu machen und die Störer zu überwältigen; der akademische Betrieb bricht zusammen, weil niemand bereit ist, für den status quo mehr zu tun als einen Finger hochzuheben. Das besagt, daß die Universitäten sehr viel mehr Studenten gegen sich haben, als man gemeinhin glaubt, und daß die militante Minderheit ein größeres Machtpotential besitzt, als die in öffentlichen Abstimmungen ermittelte Zahl erwarten läßt. Die Mehrheit der bloßen Zuschauer, die den lautstarken Gefechten zwischen Student und Professor belustigt folgen, sind in Wirklichkeit schon die heimlichen Verbündeten der Minderheit. (Man braucht sich nur vorzustellen, was geschehen wäre, wenn ein oder ein paar unbewaffnete Juden im Vor-Hitler-Deutschland versucht hätten, die Vorlesung eines antisemitischen Professors zu unterbrechen, und die Absurdität des Geredes von der »Handvoll« extremer Elemente springt in die Augen.)

Es spricht, scheint mir, gegen den gegenwärtigen Stand der politischen Wissenschaft, daß unsere Fachsprache nicht unterscheidet zwischen Schlüsselbegriffen wie Macht, Stärke, Kraft, Autorität und schließlich Gewalt – die sich doch alle auf ganz bestimmte, durchaus verschiedene Phänomene beziehen und kaum existieren würden, wenn sie das nicht täten. (Um mit d'Entrèves zu sprechen: »Stärke, Macht, Autorität – auf die exakte Verwendung all dieser Worte legt die Umgangssprache keinen besonderen Wert; sogar die größten Denker gebrauchen sie manchmal aufs Geratewohl. Aber es wäre angebracht, darauf zu bestehen, daß sie sich auf ganz bestimmte Eigenschaften beziehen und daß ihr Aussagegehalt deshalb jeweils sorgfältig abgewogen und geprüft werden sollte. ... Der korrekte Gebrauch dieser Worte ist nicht nur eine Frage der Grammatik, sondern der geschichtlichen Perspektive.«[59]) Sie synonym zu gebrauchen, zeigt nicht nur, daß man das, was die Sprache eigentlich sagt, nicht mehr hören kann, was schlimm genug wäre; der Unfähigkeit, Unterschiede zu hören, entspricht die Unfähigkeit, die Wirklichkeiten zu sehen und zu erfassen, auf die die Worte ursprünglich hinweisen. In solchen scheinbar nur semantischen Schwierigkeiten fühlt man sich immer versucht, neue Definitionen einzuführen. Aber obwohl ich dieser Versuchung kurz nachgeben werde, glaube ich nicht, daß Definitionen hier viel helfen können; es handelt sich nicht einfach um unachtsamen Sprachgebrauch. Hinter der scheinbaren Konfusion steht eine theoretische Überzeugung, derzufolge alle Unterscheidungen in der Tat von bestenfalls sekundärer Bedeutung wären, die Überzeugung nämlich, daß es in der Politik immer nur eine entscheidende Frage gäbe, die Frage: Wer herrscht über wen? Macht, Stärke, Kraft, Autorität, Gewalt – all diese Worte bezeichnen nur die Mittel, deren Menschen sich jeweils bedienen, um über andere zu herrschen; man kann sie synonym gebrauchen, weil sie alle die gleiche Funktion haben. Erst wenn man diese verhängnisvolle Reduktion des Politischen auf den Herrschaftsbereich eliminiert, werden die ursprünglichen Gegebenheiten in dem Bereich der menschlichen Angelegenheiten in der ihnen eigentümlichen Vielfalt wieder sichtbar werden.

Diese Gegebenheiten in unserem Zusammenhang und mit Bezug auf die oben genannten Begriffe lassen sich wie folgt spezifizieren:

Macht entspricht der menschlichen Fähigkeit, nicht nur zu handeln oder etwas zu tun, sondern sich mit anderen zusammenzuschließen und im Einvernehmen mit ihnen zu handeln. Über Macht verfügt niemals ein Einzelner; sie ist im Besitz einer Gruppe und bleibt nur solange existent, als die Gruppe zusammenhält. Wenn wir von jemand sagen, er »habe die Macht«, heißt das in Wirklichkeit, daß er von einer bestimmten Anzahl von Menschen ermächtigt ist, in ihrem Namen zu handeln. In dem Augenblick, in dem die Gruppe, die den Machthaber ermächtigte und ihm ihre Macht verlieh (*potestas in populo* – ohne ein »Volk« oder eine Gruppe gibt es keine Macht), auseinandergeht, vergeht auch »seine Macht«. Wenn wir in der Umgangssprache von einem »mächtigen Mann« oder einer »machtvollen Persönlichkeit« sprechen, gebrauchen wir das Wort schon im übertragenen Sinn; nicht metaphorisch gesprochen handelt es sich um einen starken Mann oder eine starke Persönlichkeit.

Denn *Stärke,* im Gegensatz zu Macht, kommt immer einem Einzelnen, sei es Ding oder Person, zu. Sie ist eine individuelle Eigenschaft, welche sich mit der gleichen Qualität in anderen Dingen oder Personen messen kann, aber als solche von ihnen unabhängig ist. Stärke hält der Macht der Vielen nie stand; der

Starke ist nie am mächtigsten allein, weil auch der Stärkste Macht gerade nicht besitzt. Wo der Starke mit der Macht der Vielen zusammenstößt, wird er immer durch die schiere Zahl überwältigt, die sich oft nur darum zusammenschließt, um mit der der Stärke eigentümlichen Unabhängigkeit fertig zu werden. Von Plato bis Nietzsche hat man die fast instinktive Feindseligkeit der Vielen gegen den Einen, der sich von ihnen absondert, dem Ressentiment der Schwachen gegen den Starken zugeschrieben, aber diese psychologische Deutung, so richtig sie im einzelnen Fall sein mag, übersieht, daß es im Wesen einer Gruppe und der von ihr erzeugten Macht liegt, sich gegen Unabhängigkeit, die mit Stärke Hand in Hand geht, zu wehren.

Das Wort *Kraft,* das im deutschen Sprachgebrauch meist synonym mit Stärke gebraucht wird, sollte in der Begriffssprache für »Naturkräfte« vorbehalten bleiben, um dann metaphorisch überall da verwandt zu werden, wo physische oder gesellschaftliche Bewegungen bestimmte Energiequanten erzeugen – die »Wasserkraft« oder »die Kraft der Verhältnisse« –, die sich auf den Einzelnen auswirken.

Autorität, das begrifflich am schwersten zu fassende Phänomen und daher das am meisten mißbrauchte Wort,[60] kann sowohl eine Eigenschaft einzelner Personen sein – es gibt persönliche Autorität, z. B. in der Beziehung von Eltern und Kindern, von Lehrer und Schülern – als einem Amt zugehören, wie etwa dem Senat in Rom *(auctoritas in senatu)* oder den Ämtern der katholischen Hierarchie (auch ein betrunkener Priester kann vermöge der Autorität des Amtes gültige Absolution erteilen). Ihr Kennzeichen ist die fraglose Anerkennung seitens derer, denen Gehorsam abverlangt wird; sie bedarf weder des Zwanges noch der Überredung. (So kann ein Vater seine Autorität entweder dadurch verlieren, daß er das Kind durch Schläge zwingt, oder dadurch, daß er versucht, es durch Argumente zu überzeugen. In beiden Fällen handelt er nicht mehr autoritär, in dem einen Fall tyrannisch, in dem anderen demokratisch.) Autorität bedarf zu ihrer Erhaltung und Sicherung des Respekts entweder vor der Person oder dem Amt. Ihr gefährlichster Gegner ist nicht Feindschaft, sondern Verachtung, und was sie am sichersten unterminiert, ist das Lachen.[61]

Gewalt schließlich ist, wie ich bereits sagte, durch ihren instrumentalen Charakter gekennzeichnet. Sie steht dem Phänomen der Stärke am nächsten, da die Gewaltmittel, wie alle Werkzeuge, dazu dienen, menschliche Stärke bzw. die der organischen »Werkzeuge« zu vervielfachen, bis das Stadium erreicht ist, wo die künstlichen Werkzeuge die natürlichen ganz und gar ersetzen.

Wenn wir uns solcher begrifflichen Unterscheidungen bedienen, dürfen wir nicht vergessen, daß sie zwar keineswegs willkürlich sind und den Phänomenen in der Wirklichkeit durchaus entsprechen, daß sie aber andererseits aus dieser Wirklichkeit gleichsam herauspräpariert sind und in begrifflicher Reinheit nur selten in ihr anzutreffen sind. So nimmt Macht in organisierten Gemeinwesen oft Kennzeichen an, die eigentlich der Autorität angehören, immer dann nämlich, wenn das Funktionieren des sozialen Lebens sofortige, fraglose Anerkennung von Anordnungen erfordert. (Ein scheinbar unbedeutender und vorläufig noch vereinzelter Zwischenfall in New York mag illustrieren, was passieren kann, wenn Autorität in einem Sozialgefüge so völlig verschwunden ist, daß sie sich nicht einmal mehr in ihrer sekundären, rein funktionellen Gestalt durchzusetzen vermag. Ein kleinerer U-Bahn-Schaden – die Türen eines Zuges schlossen nicht automatisch in der Station – führte zu einer vierstündigen Stillegung des gesamten Verkehrs, von der 50 000 Menschen betroffen wurden, weil die Insassen des defekten Zuges sich einfach weigerten, der Aufforderung der Verkehrsleitung, die Wagen zu verlassen, nachzukommen.[62]) Auch Macht und Gewalt treten gewöhnlich, wie wir sehen werden, kombiniert auf und sind nur in extremen Fällen in ihrer reinen Gestalt anzutreffen – woraus man natürlich nicht folgern kann, daß Autorität, Macht und Gewalt alle auf dasselbe hinauslaufen.

Nun ist allerdings die Versuchung, sich in der Bestimmung des Wesens der Macht an den Kategorien des Gehorchens und Befehlens zu orientieren, besonders groß, wenn es sich um die Staatsmacht handelt, also um einen speziellen Fall von Macht. Da die Gewalt sowohl in der Außen- wie in der Innenpolitik immer als letzter Ausweg des Handelns miteinkalkuliert ist und infolgedessen als der letztlich entscheidende Schutz der Machtstruktur gegen alle entschlossenen Gegner erscheint – gegen den Feind von Außen und den Verbrecher im Innern –, kann es wirklich so aussehen, als sei Gewalt die Vorbedingung von Macht, und Macht nichts anderes als eine Fassade, hinter der die Gewalt sich verbirgt, der Samthandschuh, unter dem sich entweder die eiserne Faust oder eine Art Papiertiger befindet. Bei näherem Zusehen jedoch sind diese und ähnliche Vorstellungen von dem Verhältnis zwischen Macht und Gewalt sehr viel weniger einleuchtend, als man auf den ersten Blick glaubt. Dies läßt sich vielleicht am besten an dem Phänomen der Revolution erläutern.

Seit Beginn des Jahrhunderts hat man immer wieder behauptet, die Chancen für Revolutionen hätten sich entscheidend verringert, ja Revolutionen wären nicht mehr möglich, und zwar wegen der ständig anwachsenden Zerstörungskapazität von Waffen, die ihrem Wesen nach nur der Staatsmacht zur Verfügung stehen.[63] Die Geschichte der letzten siebzig Jahre, die einen Rekord an erfolgreichen wie gescheiterten Revolutionen aufstellten, spricht eine andere Sprache. Waren die Leute, die gegen eine so erdrückende Übermacht auch nur zu rebellieren versuchten, einfach wahnsinnig? Und wie erklären sich denn erfolgreiche Revolutionen oder auch nur eine vorübergehende Machtergreifung? Die Lösung des Rätsels ist einfach. Einmal ist die Kluft zwischen staatlichen Gewaltmitteln und dem, womit das Volk sich zur Not bewaffnen kann – von Bierflaschen und Pflastersteinen bis zu Molotow-Cocktails und Schußwaffen –, schon immer so enorm gewesen, daß die modernen technischen Errungenschaften kaum ins Gewicht fallen. Zum anderen ist die verbreitete Vorstellung von der Revolution als Folge des bewaffneten Aufstands ein Märchen. Revolutionen gerade werden nicht »gemacht« und am wenigsten durch eine lernbare Prozedur, in der man vom Dissent zur Verschwörung, von passivem Widerstand zum bewaffneten Aufstand fortschreitet. Wo Gewalt der Gewalt gegenübersteht, hat sich noch immer die Staatsgewalt als Sieger erwiesen. Aber diese an sich absolute Überlegenheit währt nur solange, als die Machtstruktur des Staates intakt ist, das heißt, solange Befehle befolgt werden und Polizei und Armee bereit sind, von ihren Waffen Gebrauch zu machen. Ist das nicht mehr der Fall, so ändert sich die Situation jählings. Nicht nur kann der Aufstand nicht niedergeworfen werden, die Waffen wechseln die Hände, und zwar manchmal, wie etwa in der UdSSR, binnen weniger Stunden. (Der beste Beweis dafür, daß Amerika in Vietnam de facto in einen revolutionären Bürgerkrieg eingegriffen hat, ist die bekannte Tatsache, daß vor dem vollen Einsatz russischer Hilfe die Nationale Befreiungsfront mit in Amerika hergestellten Waffen kämpfte.) Erst wenn dies geschehen, wenn der Zusammenbruch der Staatsmacht offenkundig geworden ist und den Rebellen erlaubt hat, sich zu bewaffnen, kann man überhaupt von einem »›bewaffneten Aufstand« sprechen, der oft überhaupt nicht mehr erfolgt. (Revolutionen sind *im Beginn* zumeist sehr unblutig.) Wo Befehlen nicht mehr gehorcht wird, sind Gewaltmittel zwecklos. Und für die Frage dieses »Gehorsams«, wo nämlich entschieden wird, ob überhaupt noch gehorcht werden soll, ist die Befehl-Gehorsam-Korrelation gänzlich irrelevant. Die Beantwortung dieser Frage hängt von nichts anderem als der »Meinung« ab und natürlich der Zahl derer, die diese Meinung so oder anders teilen. Jetzt stellt sich auf einmal heraus, daß alles von der Macht abhängt, die hinter der Gewalt steht. Der plötzliche dramatische Machtzusammenbruch, wie er für Revolutionen charakteristisch ist, zeigt, wie sehr der sogenannte Gehorsam des Staatsbürgers – gegenüber den

Gesetzen, den Institutionen, den Regierenden oder Herrschenden – eine Sache der öffentlichen Meinung ist, nämlich die Manifestation von positiver Unterstützung und allgemeiner Zustimmung.

Die innere Zersetzung der Staatsmacht macht Revolutionen möglich; sie sind keineswegs eine notwendige, errechenbare Folge. Die Geschichte kennt zahllose Beispiele von völlig ohnmächtigen Staaten, die über lange Zeiträume fortbestehen konnten. Entweder gab es niemanden, der die bestehende Macht auch nur auf die Probe stellte, oder das Regime hatte das Glück, in keinen Krieg verwickelt zu werden und keine Niederlage zu erleiden. Denn Machtzerfall wird häufig nur manifest in direkter Konfrontation; und selbst dann, wenn die Macht schon auf der Straße liegt, bedarf es immer noch einer Gruppe von Menschen, die auf diese Eventualität vorbereitet und daher bereit ist, die Macht zu ergreifen und die Verantwortung zu übernehmen. Vor zwei Jahren waren wir Zeugen der Ereignisse, die auf die relativ harmlose und wesentlich gewaltlose Rebellion der Studenten in Frankreich folgten. Sie genügte, um die Brüchigkeit des ganzen Systems zu enthüllen, das sich vor den erstaunten Augen der jungen Rebellen rapid auflöste. Ohne es zu ahnen, hatten sie das System auf die Probe gestellt. Sie hatten nichts weiter beabsichtigt, als das veraltete und verknöcherte Universitätssystem zu »konfrontieren«, und siehe da, alles geriet ins Wanken, die Staatsmaschine sowohl wie die gewaltigen Partei- und Gewerkschaftsbürokratien – »une sorte de désintégration de toutes les hiérarchies« (Raymond Aron[64]). Dies war ein Schulbeispiel der viel beredeten und oft mißverstandenen »revolutionären Situation«,[65] in der die Revolution ausblieb, weil niemand, am wenigsten natürlich die Studenten, daran dachte, die Macht zu ergreifen und damit die Verantwortung zu übernehmen. Niemand – mit Ausnahme von de Gaulle. Nichts beleuchtete den Ernst der Lage schärfer als sein Appell an die Armee, der Flug zu Massu und den Generälen in

Deutschland, ein Gang nach Canossa wie nur je einer, wenn man bedenkt, was sich nur wenige Jahre vorher ereignet hatte. Doch was de Gaulle suchte und empfing, war Unterstützung und nicht Gehorsam; er erreichte sie durch Konzessionen und nicht durch Befehle (s. Exkurs 9). Hätten Befehle genügt, er hätte Paris nie zu verlassen brauchen.

Es hat nie einen Staat gegeben, der sich ausschließlich auf Gewaltmittel hätte stützen können. Selbst die totale Herrschaft, deren wesentliche Herrschaftsmittel Konzentrationslager, Polizeiterror und Folter sind, bedarf einer Machtbasis, die in diesem Fall von der Geheimpolizei und einem Netz von Spitzeln gestellt wird. Nur die oben erwähnte Entwicklung von Robotsoldaten könnte an dieser prinzipiellen Überlegenheit der Macht und der Meinung über die Gewalt etwas ändern; dann könnte in der Tat ein Mann durch das Auslösen eines Hebels vernichten, wen und was immer ihm gerade beliebt. Selbst das despotischste Regime, das wir kennen, die Herrschaft über Sklaven, die ihre Herren an Zahl immer übertrafen, beruhte nicht auf der Überlegenheit der Gewaltmittel als solchen, sondern auf der überlegenen Organisation der Sklavenhalter, die miteinander solidarisch waren, also auf Macht.[66]

Solange Roboter Menschen nicht ersetzt haben, hat kein einzelner Mensch ohne die Unterstützung von anderen je die Macht, die Gewalt wirklich loszulassen. So hat auch innenpolitisch die Gewalt immer die Funktion eines äußersten Machtmittels gegen Verbrecher oder Rebellen, das heißt gegen Einzelne oder verschwindende Minderheiten, die sich weigern, sich von der geschlossenen Meinung der Mehrheit überwältigen zu lassen. Es ist normalerweise die Übermacht dieser Mehrheit und ihrer »Meinung«, die die Polizei beauftragt bzw. ermächtigt, mit Gewalt gegen die vorzugehen, die sich ihrem Machtspruch entziehen. Und selbst im Kriegsfall, wo doch nun wirklich die nackte Gewalt das letzte Wort zu haben scheint, kann es geschehen, daß eine enorme Überlegenheit an Machtmitteln wirkungslos bleibt, wenn sie einem zwar schlecht ausgerüsteten, aber gut organisierten und deshalb viel mächtigeren Gegner gegenübersteht – wie wir es in Vietnam sehen. Und diese Lektion der Partisanen- und Guerillakriege ist nicht neu. Sie ist mindestens so alt wie die Niederlage der bis dahin unbesiegten Armee Napoleons in Spanien.

Begrifflich gesprochen heißt dies: Macht gehört in der Tat zum Wesen aller staatlichen Gemeinwesen, ja aller irgendwie organisierten Gruppen, Gewalt jedoch nicht. Gewalt ist ihrer Natur nach instrumental; wie alle Mittel und Werkzeuge bedarf sie immer eines Zwecks, der sie dirigiert und ihren Gebrauch rechtfertigt. Und das, was eines anderen bedarf, um gerechtfertigt zu werden, ist funktioneller, aber nicht essentieller Art. Der Zweck des Krieges ist der Friede; aber auf die Frage: Und was ist der Zweck des Friedens? gibt es keine Antwort. Friede ist etwas Absolutes, obwohl in der uns bekannten Geschichte die Perioden des Krieges nahezu immer länger waren als die des Friedens. Ein solches Absolutes ist auch die Macht; sie ist, wie man zu sagen pflegt, ein Selbstzweck. (Damit soll natürlich nicht geleugnet werden, daß Regierungen jeweils eine bestimmte Politik verfolgen und ihre Macht dafür einsetzen, vorgegebene Ziele zu erreichen. Aber die Machtstruktur selbst liegt allen Zielen voraus und überdauert sie, so daß Macht, weit davon entfernt, Mittel zu Zwecken zu sein, tatsächlich überhaupt erst die Bedingung ist, in Begriffen der Zweck-Mittel-Kategorie zu denken und zu handeln.) Und wenn der Staat seinem Wesen nach organisierte und institutionalisierte Macht ist, so hat auch die gängige Frage nach seinem Endzweck keinen Sinn. Die Antwort wird sich entweder in einem Zirkel bewegen – etwa: er soll das Zusammenleben von Menschen ermöglichen – oder sie wird utopische Ideale aufstellen, das Glück der größten Zahl, die klassenlose Gesellschaft, aber auch Gerechtigkeit, Freiheit und dergleichen mehr, die, wenn man sie im Ernst zu verwirklichen versucht, unweigerlich zu einer Zwangsherrschaft führen.

Macht bedarf keiner Rechtfertigung, da sie allen menschlichen Gemeinschaften immer schon inhärent ist. Hingegen bedarf sie der Legitimität. Macht entsteht, wann immer Menschen sich zusammentun und gemeinsam handeln, ihre Legitimität beruht nicht auf den Zielen und Zwecken, die eine Gruppe sich jeweils setzt; sie stammt aus dem Machtursprung, der mit der Gründung der Gruppe zusammenfällt. Ein Machtanspruch legitimiert sich durch Berufung auf die Vergangenheit, während die Rechtfertigung eines Mittels durch einen Zweck erfolgt, der in der Zukunft liegt. Gewalt kann gerechtfertigt, aber sie kann niemals legitim sein. Ihre Rechtfertigung wird um so einleuchtender sein, je näher das zu erreichende Ziel liegt. Niemandem kommt es in den Sinn, die Berechtigung von Gewalttätigkeit im Falle der Selbstverteidigung in Frage zu stellen, weil die Gefahr nicht nur evident, sondern unmittelbar gegenwärtig ist, mithin zwischen dem Zweck und den Mitteln, die er rechtfertigen muß, so gut wie keine Zeitspanne liegt.

Obwohl Macht und Gewalt ganz verschiedenartige Phänomene sind, treten sie zumeist zusammen auf. Bisher haben wir nur solche Kombinationen analysiert, wobei sich herausgestellt hat, daß in ihnen jedenfalls die Macht immer das Primäre und Ausschlaggebende ist. Dies ändert sich jedoch, sobald wir unsere Aufmerksamkeit den selteneren Fällen zuwenden, wo sie in Reingestalt auftreten. Eine direkte Konfrontation von Macht und Gewalt begegnet uns zum Beispiel im Falle kriegerischer Auseinandersetzung, die mit einer feindlichen Besatzung endet. Wie wir sahen, beruht die übliche Gleichsetzung von Gewalt und Macht darauf, daß man das staatlich geregelte Zusammenleben als eine Herrschaft versteht, die sich auf die Mittel der Gewalt stützt. Diese Art von Herrschaft wird in der Tat von dem fremden Eroberer errichtet, und sie kann sich verhältnismäßig leicht durchsetzen, wenn sie es mit einer ohnmächtigen Regierung und einer Nation zu tun hat, die nicht an Freiheit gewöhnt ist, das heißt nicht weiß, wie man politische Macht bildet und mit ihr umgeht. In allen anderen Fällen sind die Schwierigkeiten außerordentlich groß, und die Besatzungsmacht wird sofort versuchen, eine Quisling-Regierung zu organisieren, um sich eine Machtbasis in der einheimischen Bevölkerung zu verschaffen, auf die sie ihre Herrschaft stützen kann. Der Zusammenprall von russischen Tanks mit dem völlig gewaltlosen Widerstand des ČSSR Volkes ist ein Schulbeispiel für eine Konfrontation von Gewalt und Macht in ihrer reinen Form. Eine reine Gewaltherrschaft hat ihre Schwierigkeiten, aber sie ist keineswegs unmöglich, denn sie beruht ja nicht auf der Meinung der Beherrschten, bzw. auf der Anzahl derer, die eine bestimmte Meinung teilen, sondern ausschließlich auf den Mitteln der Gewalt. Wer versucht, sich der Gewalt durch bloße Macht zu erwehren, wird sofort zu spüren bekommen, daß er nicht mehr mit Menschen und möglichen Mehrheiten konfrontiert ist, sondern mit von Menschen erzeugten Geräten, mit Objekten, deren Vernichtungskraft proportional zu der Entfernung zwischen den Gegnern anwächst. Auch die größte Macht kann durch Gewalt vernichtet werden; aus den Gewehrläufen kommt immer der wirksamste Befehl, der auf unverzüglichen, fraglosen Gehorsam rechnen kann. Was niemals aus den Gewehrläufen kommt, ist Macht.

Bei einem Aufeinanderprall von Gewalt und Macht ist der Ausgang niemals zweifelhaft. Wäre Gandhis außerordentlich mächtige und erfolgreiche Strategie des gewaltlosen Widerstands auf einen anderen Gegner gestoßen – auf Stalins UdSSR, Hitlers Deutschland, ja selbst auf das Japan des Vorkriegs anstatt auf England –, dann wäre ihr Ergebnis nicht Entkolonisierung, sondern »administrativer Massenmord« und schließliche Unterwerfung gewesen. Dabei darf man nicht übersehen, daß die imperialistischen Mächte – England in Indien, Frankreich in Algerien – gute Gründe hatten, auf einen solchen Sieg zu verzichten. Nackte Gewalt tritt auf, wo Macht verloren ist. Die russische Lösung des tschechischen Problems zeigte deutlich einen entscheidenden

Machtverlust des russischen Regimes an, genauso wie der Machtverlust des europäischen Imperialismus sich in der Alternative zwischen Massenmord oder Dekolonisierung manifestierte. Man kann Macht durch Gewalt ersetzen, und dies kann zum Siege führen, aber der Preis solcher Siege ist sehr hoch; denn hier zahlen nicht nur die Besiegten, der Sieger zahlt mit dem Verlust der eigenen Macht. Das gilt in besonderem Maße, wenn der Sieger sich zu Hause der Segnungen der konstitutionellen Regierungsform erfreut. Es ist, wie Henry Steele Commager (der berühmte amerikanische Historiker) gesagt hat: »Wenn wir die Weltordnung umstürzen und den Weltfrieden zerstören wollen, müssen wir unvermeidlich zuerst unsere eigenen politischen Institutionen umstürzen und zerstören.«[67] Im Zeitalter des Imperialismus sprach man von dem Bumerangeffekt, den die »Herrschaft über unterworfene Völker« (Lord Cromer) auf das eigene Land haben könne, und meinte damit, daß die Gewaltherrschaft, die man in fernen Ländern errichtet hatte, schließlich auf die Bevölkerung des Mutterlandes zurückschlagen werde. Das Vorgehen der Polizei im vorigen Jahre an der Universität Berkeley, bei dem nicht nur Tränengas, sondern ein anderes, von der Genfer Konvention verurteiltes und von der Armee zur Ausräucherung der Guerillakämpfer in Vietnam verwendetes Gas eingesetzt wurde, während gleichzeitig Polizisten mit Gasmasken alle Leute daran hinderten, den vergasten Bereich zu verlassen, ist ein gutes Beispiel für dieses Bumerang-Phänomen.

Man hat oft gesagt, daß Ohnmacht Gewalt provoziere, daß die, welche keine Macht haben, besonders geneigt sind, zur Gewalt zu greifen, und psychologisch ist dies durchaus richtig. Politisch ist ausschlaggebend, daß Macht*verlust* sehr viel eher als Ohnmacht zur Gewalt verführt, als könne diese die verlorene Macht ersetzen – im Sommer 1968 während des Konvents der Demokraten in Chicago war ein solcher Prozeß mit Händen zu greifen (s. Exkurs 10) –, und daß Gewalt, eben weil sie in der Tat Macht vernichten kann, stets die eigene Macht mitbedroht. Wo die Gewalt mit ihren Geräten der Machtbasis verlustig gegangen ist, die ihr Ziele und Grenzen setzt, tritt die bekannte Umkehr des Zweck-Mittel-Verhältnisses in Kraft; nun sind es die Mittel, die Werkzeuge der Vernichtung, die die Zwecke bestimmen – mit dem Resultat, daß der tatsächlich erreichte Endzweck die Vernichtung aller Macht ist.

Nirgends tritt das selbstzerstörerische Element, das dem Sieg der Gewalt über die Macht innewohnt, schärfer zutage als in der Terrorherrschaft, über deren unheimliche Erfolge und schließliches Scheitern wir vielleicht besser Bescheid wissen als irgendeine Zeit vor uns. Terror und Gewalt sind nicht dasselbe. Die Terrorherrschaft löst eine Gewaltherrschaft ab, und zwar in den, wie wir wissen, nicht seltenen Fällen, in denen die Gewalt nach Vernichtung aller Gegner nicht abdankt, sondern im Gegenteil die zentrale Kontrolle über den Staatsapparat ergreift. Die Gewaltherrschaft bezweckt und erreicht die Entmachtung der Gesellschaft, bis sie einer organisierten Opposition nicht mehr fähig ist, und dies ist der Augenblick, wo der eigentliche Terror entfesselt werden kann. Die Tyrannis erzeugt die Ohnmacht, welche dann totale Herrschaft ermöglicht. Der Terror konserviert und intensiviert die Entmachtung durch die Atomisierung der Gesellschaft – ein empörend akademisch-blasses Wort für einen grauenhaften Tatbestand –, die im wesentlichen durch die Allgegenwart des Denunzianten erreicht wird, der nun buchstäblich überall sein kann, weil es sich nicht mehr um bezahlte Agenten handelt; jeder Mensch, mit dem man in Berührung kommt, kann morgen gezwungen werden zu denunzieren. Wie ein solcher vollständig entwickelter Polizeistaat organisiert ist und wie er funktioniert, bzw. wie nichts mehr funktioniert, wo er funktioniert, kann man jetzt auf das genaueste nachlesen in dem großen Roman von Alexander Solschenizyn, *Der erste Kreis der Hölle*, der voraussichtlich eines der literarischen Meisterwerke des zwanzigsten Jahrhunderts bleiben wird und sicher die bei weitem beste Darstellung des Stalin-Regimes bietet (s. Exkurs II). Der entscheidende Unterschied zwischen totaler Herrschaft, die auf Terror beruht, und den verschiedenen Arten der Gewaltherrschaft besteht darin, daß die erstere nicht nur ihren Gegnern, sondern auch ihren Freunden und Anhängern den Garaus macht, da sie sich gegen Macht schlechthin, also auch gegen die mögliche Macht organisierter Anhänger wendet. Der Terror erreicht seinen Gipfel, wenn der Polizeistaat beginnt, seine eigenen Kinder zu verschlingen, und dem Henker von Gestern morgen die Rolle des Opfers zugeteilt wird. Und das ist auch der Augenblick, da Macht in jeglichem Sinne aus dem Lande verschwunden ist. Zur Erklärung der Entstalinisierung UdSSR-sind eine Reihe einleuchtender Gründe vorgebracht worden; keiner scheint mir so zwingend wie die Erkenntnis der stalinistischen Funktionäre selbst, daß eine Fortdauer des Regimes zwar keinen Aufstand zur Folge haben würde – dagegen bietet Terror in der Tat den zuverlässigsten Schutz –, wohl aber die totale wirtschaftliche und schließlich auch militärische Lähmung des Landes.

Ich fasse zusammen: Politisch gesprochen genügt es nicht zu sagen, daß Macht und Gewalt nicht dasselbe sind. Macht und Gewalt sind Gegensätze: wo die eine absolut herrscht, ist die andere nicht vorhanden. Gewalt tritt auf den Plan, wo Macht in Gefahr ist; überläßt man sie den ihr selbst innewohnenden Gesetzen, so ist das Endziel, ihr Ziel und Ende, das Verschwinden von Macht. So kann man auch nicht eigentlich sagen, das Gegenteil von Gewalt sei eben die Gewaltlosigkeit. Von »gewaltloser« Macht zu sprechen, ist ein Pleonasmus. Gewalt kann Macht vernichten; sie ist gänzlich außerstande, Macht zu erzeugen. Hegels und Marx' großes Vertrauen in die dialektische »Macht der Negation«, kraft welcher Gegensätze einander nicht zerstören, sondern bruchlos ineinander übergehen, weil Widersprüche die Entwicklung vorantreiben und nicht lähmen, beruht auf einem viel älteren philosophischen Vorurteil, nämlich dem, daß das Böse nichts anderes sei als die Privation des Guten, und daß Gutes aus Bösem entstehen könne, als sei das Böse nur die vorläufige Manifestation eines noch verborgenen Guten. Solche traditionellen Denkwege sind gefährlich geworden. Sie werden von vielen geteilt, die noch nie etwas von Hegel oder Marx gehört haben – aus dem einfachen Grund, weil sie Hoffnung wecken und Furcht vertreiben: eine trügerische Hoffnung dient dazu, begründete Furcht zu beruhigen.

Das soll nicht heißen, daß ich die Gewalt mit dem Bösen gleichsetze. Ich wollte mich nur gegen die moderne Dialektik wenden, die meint, man könne Gegensätze auseinander ableiten. Zwischen Macht und Gewalt gibt es keine quantitativen oder qualitativen Übergänge; man kann weder die Macht aus der Gewalt noch die Gewalt aus der Macht ableiten, weder die Macht als den sanften Modus der Gewalt noch die Gewalt als die eklatanteste Manifestation der Macht verstehen. Wollen wir uns also über die Gewalt Rechenschaft geben, so bleibt uns nichts übrig als ihrem Wesen und ihrer Natur nachzugehen.

III

In den Auseinandersetzungen und Debatten der letzten Jahre hat sich bewahrheitet, was Joseph Alsop vor vier Jahren voraussagte – die neue Wissenschaft der Ethologie, »die man kurz als Biologie des Verhaltens definieren kann« (Lorenz), hat nicht nur die ältere Verhaltensforschung verdrängt, sondern Zoologen, Biologen und Physiologen nahezu beherrschend auf einem Gebiet auftreten lassen, das noch vor wenigen Jahrzehnten von Psychologen, Soziologen und Politikwissenschaftlern besetzt war.[68] Und der Anstoß zu dieser Eroberung war Konrad Lorenz' berühmtes Buch über *Das sogenannte Böse* im Jahre 1963, in dem er das Thema der, wie er sagt, »Aggression« oder, wie wir sagen würden, der »Gewalt« naturgeschichtlich untersucht. In jüngster Zeit hat sich der Ethologie eine weitere Wissenschaft zugesellt, die als »Polemologie« (Wissenschaft vom Kriege) die eigentlichen Antriebe auch der Ethologie klar ausspricht. All diese Versuche der Naturwissenschaftler, das Problem der Gewalt nicht nur zu stellen, sondern angesichts der bedrohlichen Situation, in die wir durch die Entwicklung der Technik geraten sind, auch zu lösen, sind dadurch gekennzeichnet, daß sie – wie allerdings nur Lorenz selbst zugesteht – geschrieben sind, als säße »ein objektivierender Verhaltensforscher auf einem anderen Planeten, etwa auf dem Mars, und untersuche das soziale Verhalten des Menschen«. Man kann sich gut vorstellen, daß er zu dem Schluß käme, »die menschliche Sozietät [sei] sehr ähnlich aufgebaut wie die der Ratten«, und das, was man unter Menschen »Begeisterung« nennt, gleiche »in mehreren Hinsichten ... dem Triumphgeschrei der Graugänse«.[69] Angesichts der vereinten Anstrengungen so vieler hervorragender Forscher und angesichts der zahllosen Forschungsprojekte, die von Stiftungsgeldern finanziert überall angelaufen sind, muß es anmaßend erscheinen, das Problem der Gewalt aus einer, wie man sagt, »humanistischen« Perspektive, ohne alle »Forschung«, auch nur aufwerfen zu wollen. Ich will es dennoch versuchen, und zwar aus den folgenden Gründen.

Die jüngsten Forschungsresultate vor allem der Zoologen sind faszinierend, was aber dabei für das Gewaltproblem, so wie es unter Menschen besteht, herauskommen soll, ist schwer einzusehen. Um zu wissen, daß Menschen für ihre Heimat zu kämpfen bereit sind, hätten wir kaum von den Revierkämpfen der Fische, Ameisen und Affen zu erfahren brauchen; um zu lernen, daß das Zusammengepferchtsein Menschen überreizt und Aggressivität steigert, hätten wir nicht mit Ratten experimentieren müssen: Ein Tag in den Slums einer beliebigen Großstadt sollte genügt haben. Man ist überrascht und oft entzückt zu hören, daß gewisse Tiere sich wie Menschen benehmen, aber ich verstehe nicht, wie man daraus eine Rechtfertigung oder Verurteilung menschlichen Verhaltens ableiten will. Warum fordert man uns auf, endlich zu der Einsicht zu kommen, »daß der Mensch sich ganz ähnlich wie Tierarten verhält, die in Gruppen auf einem Territorium zusammen leben«,[70] anstatt umgekehrt zu sagen: gewisse Tierarten verhalten sich ähnlich wie Menschen? So hat denn auch Portmann zu Beginn dieser neuen Entwicklung bei den Naturwissenschaftlern im Jahre 1953 bereits gewarnt: »Wer sich in die Tatsachen vertieft, ... der wird feststellen, daß die neuen Einblicke in die Differenziertheit tierischen Treibens uns zwingen, mit allzu einfachen Vorstellungen von höheren Tieren ganz entschieden aufzuräumen. Damit wird aber nicht etwa – wie zuweilen leichthin gefolgert wird – das Tierische dem Menschlichen immer mehr genähert. *Es zeigt sich lediglich, daß viel mehr von dem, was wir von uns selber kennen, auch beim Tier vorkommt.*«[71] Warum sollten wir, nachdem wir versuchten, alle Anthropomorphismen aus der Tierpsychologie zu entfernen (ob es uns gelungen ist, ist sehr die Frage), jetzt zu entdecken suchen, »wie ›theriomorph‹ der Mensch ist«?[72] Ist es nicht offensichtlich, daß Anthropomorphismus und Theriomorphismus nur zwei Seiten des gleichen Irrtums sind? Und selbst wenn wir uns damit einverstanden erklärten, den Menschen unter die Tiergattungen einzureihen, was berechtigt uns denn, dieser besonderen Gattung die Verhaltungsregeln anderer Gattungen vorzuschreiben oder zu empfehlen – vor allem die »Ritterlichkeit« der Wölfe, die den Gegner nicht totbeißen, wenn er sich zum Demutritual entschließt, wird uns in nahezu jeder dieser Abhandlungen als Beispiel vorgehalten.

Abgesehen davon aber, daß ich die »leichtsinnigen« Folgerungen, die inzwischen Schule gemacht und neue Wissenschaften haben entstehen lassen, nicht mitmachen kann, scheinen sie mir auch höchst unerwünschte und mit den Phänomenen nicht im Einklang stehende Resultate zu zeitigen. Das Endresultat all dieser Untersuchungen ist nämlich, daß die Gewalttätigkeit bzw. der Aggressionstrieb als noch »natürlicher« erscheint und ihm eine noch größere Rolle im menschlichen Zusammenleben zugeschrieben wird, als wir ohne sie anzunehmen bereit waren. Er steht nun auf der gleichen Stufe wie die Nahrungs- und Fortpflanzungstriebe und spielt eine ebenso große Rolle für das Überleben des Individuums und der Gattung. Und mit diesen neuen »Trieben« der Forschung steht es anders als mit den früheren Instinkten. Diese entsprangen dringenden und drängenden körperlichen Bedürfnissen und wurden durch Anreize ausgelöst. Die Triebe aber sind »spontan«: fallen die Anreize fort, so »zeigen sie erst ihre Spontaneität«.[73] So ist vor allem der Aggressionstrieb von Anreizen – wirklichen Gefahren, wirklichen Angriffen usw. – unabhängig; ihr Fehlen führt zu einer Unterdrückung des Triebes, der nun kein Objekt mehr findet, und das führt wiederum zu einer »Triebstauung«, deren schließliche Entladung um so gefährlicher wird. (Es ist, als ob die Sensation des Hungers sich um so stärker spürbar macht, je weniger ein wirkliches Bedürfnis nach Nahrung vorliegt.[74]) In dieser Interpretation ist unprovozierte Gewalttätigkeit nur »natürlich«; wenn der Anreiz und damit ihre Unterordnung unter den Selbsterhaltungstrieb fortfällt, wird sie »unvernünftig« und wahllos in der Wahl der Objekte, und das soll der Grund sein, warum Menschen sich tierischer verhalten als andere Tierarten.

Offensichtlich handelt es sich hier nicht mehr um Wissenschaft, sondern um eine auf Hypothesen beruhende Theorie, die schon darum suspekt ist, weil sie weitgehend mit physikalischen Begriffen – Energie und Kraft bzw. ihrer Stauung – arbeitet, die auf biologische und physiologische Sachverhalte übertragen höchst fragwürdig werden, weil sie nicht meßbar sind, also die Eigenschaft, die ihnen ihre wissenschaftliche Dignität verlieh, gerade nicht besitzen.[75] Und was die Theorie selbst anlangt, so fürchte ich, daß hinter diesen neuesten Entdeckungen eine der ältesten Definitionen der Menschennatur steckt, derzufolge der Mensch ein ›animal rationale‹ ist, ein Verstandestier, das sich von anderen Tierarten durch nichts als das zusätzliche Attribut des Verstandes unterscheidet – wobei stillschweigend vorausgesetzt ist, daß er, sofern er Rationalität besitzt, eigentlich nicht gewalttätig sein dürfte. Weil die moderne Wissenschaft diese Vorstellung unkritisch übernahm, konnte sie sich auf die Suche begeben nach Eigenschaften, die der Mensch mit dieser oder jener Tiergattung teilt, um dann schließlich zu dem Schluß zu kommen, daß die zusätzliche Gabe der Rationalität die verhaltensphysiologischen Mechanismen seiner Triebstruktur nur störe und so z. B. zur »Fehlfunktion« seiner Aggressivität geführt habe. Gerade der Verstand, dem wir unter anderem die Entwicklung der Technik verdanken, bewirkt, daß unsere Triebe »irrational« werden; »nicht, weil wir Verstandeswesen, sondern weil wir außerdem ganz urtümliche Triebwesen sind, ist unser Dasein im Zeitalter der Technik gefährdet«.[76] Denn die Wissenschaftler wissen natürlich, daß der Mensch, weil er ein »toolmaking animal« (Benjamin Franklin), ein Werkzeug fabrizierendes Lebewesen ist, jene in die Ferne tragenden Waffen erfunden hat, die ihn von den natürlichen Hemmungsinstinkten beim Töten, wie wir sie im Tierreich finden, befreien, und daß die Herstellung von Werkzeugen eine höchst differenzierte geistige Tätigkeit ist.[77] Darum fühlt sich die Wissenschaft heute dazu aufgerufen, uns von diesen Nebenwirkungen des Verstandes zu heilen, und zwar indem sie unsere Triebe nicht so sehr unter Kontrolle bringen als neu orientieren will, ihnen Ersatzobjekte anbietet und sie in Kompensationsleistungen steuert, nachdem sie ihre ursprüngliche Funktion im Haushalt der Natur durch das Eingreifen des Verstandes verloren haben. Der Maßstab dafür, wie man sich nun eigentlich verhalten soll, ist wieder von dem Verhalten anderer Tiergattungen abgeleitet, und der spezifische Unterschied zwischen Mensch und Tier ist nun nicht mehr Verstand oder Vernunft (das ›lumen naturale‹ des Menschentiers), sondern die Wissenschaft; der Mensch handelt jetzt irrational oder benimmt sich tierisch, wenn er sich weigert, auf die Wissenschaftler zu hören oder ihre letzten Forschungsresultate, bzw. die daraus entwickelten Theorien, nicht kennt.

Im Gegensatz zu diesen Theorien und Hypothesen sowie ihren Implikationen werde ich im folgenden versuchen darzulegen, daß Gewalttätigkeit ein menschliches Phänomen und weder »tierisch« noch »irrational« ist – ob wir nun diese Begriffe im landläufigen Sinn oder in Anlehnung an den wissenschaftlichen Sprachgebrauch verstehen.

Daß gewisse Affekte wie Wut oder Empörung zur Gewalttätigkeit neigen, ist ein Gemeinplatz; auch gibt es natürlich »sinnlose« Wut und unvernünftige Empörung, d. h. pathologische Perversionen, die alle Affekte befallen können. Zweifellos ist es möglich, Menschen unter Bedingungen zu stellen, die sie dehumanisieren – Konzentrationslager, Folter, Hunger usw.; aber das heißt nicht, daß sie vertieren, und die Reaktion auf solche entmenschlichenden Bedingungen ist nicht Empörung, Zorn und Gewalttätigkeit; das deutlichste Zeichen der Entmenschlichung ist gerade das Ausbleiben aller Reaktionen. Überhaupt ist Empörung keineswegs eine automatische Reaktion auf Not und Leiden; niemand reagiert mit Wut auf eine Krankheit, der die Medizin machtlos gegenübersteht, oder auf ein Erdbeben oder auf an sich unerträgliche gesellschaftliche Zustände, solange sie unabänderlich scheinen. Nur wo der begründete Verdacht besteht, daß Bedingungen geändert werden könnten und dennoch nichts geschieht, stellt Wut sich ein. Erst wenn unser Gerechtigkeitssinn verletzt wird, reagieren wir mit Empörung – »denn die Ohnmacht gegen Menschen, nicht die Ohnmacht gegen die Natur, erzeugt die desparateste Verbitterung« (Nietzsche) –, und diese Reaktion muß sich keineswegs unbedingt an persönlichen Leiden entzünden. Die gesamte Geschichte der Revolutionen beweist, daß es immer wieder Angehörige der oberen Klassen waren, die den Anstoß zu Empörung gaben und dann die Rebellion der Erniedrigten und Beleidigten anführten. Die Versuchung, angesichts empörender Umstände zur Gewalt zu greifen, ist wegen der ihr innewohnenden Unmittelbarkeit sehr groß. Es liegt im Wesen der Empörung, nicht langsam und mit Bedacht zu reagieren. Das heißt aber noch lange nicht, daß Empörung und der Gewaltakt, der möglicherweise auf sie folgt, irrational sind. Sowohl in unserem Privatleben wie in der Öffentlichkeit gibt es Situationen, denen nur die Schnelligkeit eines Gewaltakts angemessen zu sein scheint. Das Entscheidende dabei ist nicht, daß man sich Luft machen will – was in der Tat durch Türenzuschlagen oder Mit-der-Faust-auf-den-Tisch-Hauen, also durch beliebige Ersatzhandlungen auch zu erreichen ist –, sondern daß unter gewissen Umständen nur der Gewaltakt, also ein wortloses Handeln, das keine Konsequenzen in Betracht zieht, der Situation gerecht werden kann. (In der Literatur ist Melville's Billy Budd, der den Mann erschlug, der falsches Zeugnis gegen ihn abgelegt hatte, das klassische Beispiel.) In diesem Sinne gehören Zorn, Empörung und die Gewalttätigkeit, von der diese Affekte manchmal begleitet sind, zu den spezifisch menschlichen Regungen, und die Menschen davon durch Ersatzbefriedigungen zu heilen, wie manche Psychologen und Ethologen uns vorschlagen, hieße nichts anderes als sie zu entmenschlichen. Zweifellos kommen gewalttätige Akte, in denen sich jemand selbst Recht verschafft, in Konflikt mit dem Rechtsstaat, sie sind unleugbar wesentlich un- oder antipolitisch, wie nichts besser zeigt als Melville's großer Roman; aber das heißt weder, daß die in ihnen ausbrechende Gewalttätigkeit unmenschlich, noch daß sie einer bloßen Gefühlsaufwallung geschuldet ist.

Gefühlskälte ist kein Kennzeichen von Vernunft. »Objektivität und Gleichmut« angesichts unerträglichen Leidens können in der Tat mit Recht »Furcht erregen«,[78] nämlich dann, wenn sie nicht Ausdruck der Selbstkontrolle sind, sondern die offenbare Manifestation der Unrührbarkeit. Um vernünftig reagieren zu können, muß man zunächst einmal ansprechbar sein, »bewegt« werden können; und das Gegenteil solcher Ansprechbarkeit des Gemüts ist nicht die sogenannte Vernunft, sondern entweder Gefühlskälte – gemeinhin ein pathologisches Phänomen – oder Sentimentalität, also eine Gefühlsperversion. Empörung und Gewaltsamkeit werden irrational nur, wenn sie zu Ersatzhandlungen führen oder auf Ersatzobjekte umorientiert werden, und ich fürchte, solche Umorientierung ist genau, was nicht nur die Psychologen, Ethologen und Polemologen heute vielfach empfehlen, sondern was leider gewissen Stimmungen und unreflektierten Impulsen der heutigen Gesellschaft entgegenkommt. So haben die weißen Liberalen Amerikas nahezu einmütig auf die berechtigten Beschwerden der Negerbevölkerung mit dem Ruf »Wir sind alle schuldig« reagiert, und die Black-Power-Bewegung hat dieses »Bekenntnis« benutzt, um eine irrationale »schwarze Wut« auf den weißen Mann überhaupt zu entfachen. Nun, wo alle schuldig sind, ist es keiner; gegen die Entdeckung der wirklich Schuldigen oder Verantwortlichen, die Mißstände abstellen könnten, gibt es keinen besseren Schutz als kollektive Schuldbekenntnisse. In diesem besonderen Falle handelt es sich außerdem noch um eine gefährliche und vernebelnde Eskalation des Rassismus in höhere, weniger greifbare Regionen: Die furchtbare Kluft zwischen Schwarz und Weiß wird nicht dadurch überbrückt, daß man sie im Sinne eines prinzipiell unlösbaren Konflikts zwischen kollektiver Unschuld und kollektiver Schuld versteht. »Alle Weißen sind schuldig« ist nicht nur gefährlicher Unsinn, sondern Rassismus mit anderen Vorzeichen, und er dient auf recht wirksame Weise dazu, den sehr konkreten Beschwerden und rationell begründeten Gefühlsreaktionen der Neger ein Ventil zu öffnen auf Ersatzobjekte und in Ersatzhandlungen, um sie so die Flucht aus der Realität, in der sie etwas erreichen könnten, antreten zu lassen.

Ferner steht unter den Ursachen einer zu Gewalttätigkeit reizenden Empörung historisch nicht die Ungerechtigkeit, sondern die Heuchelei an erster Stelle. Die Rolle, die sie in den Endstadien der Französischen Revolution gespielt hat, als Robespierres »Krieg gegen die Hypokrisie« den Terror losließ, ist zu bekannt, um mehr als erwähnt zu werden. Nur darf man nicht übersehen, daß dieser Krieg schon vorher von den französischen Moralisten erklärt worden war, die in der Heuchelei das Laster par excellence sahen, das Prinzip jener »guten Gesellschaft«, die dann später zur »bürgerlichen« Gesellschaft wurde. Es gibt nicht viele Autoren von Rang, welche die Gewalt um ihrer selbst willen verherrlicht haben; aber diese wenigen – Sorel, Pareto, Fanon – hegten einen erheblich tieferen Haß auf die Gesellschaft und vollzogen einen erheblich radikaleren Bruch mit ihrem Sittenkodex als die konventionelle Linke, deren Hauptmotive das Mitleiden und die Leidenschaft für Gerechtigkeit waren. Dem Feind die Maske vom Gesicht zu reißen, die Machenschaften und Manipulationen zu entlarven, die es ihm erlauben, ohne Gewaltmittel zu herrschen, also auch auf die Gefahr der eigenen Vernichtung hin Aktionen zu provozieren, nur um ihn zu zwingen, Farbe zu bekennen, damit die Wahrheit ans Licht komme – diese Ziele geben heute noch den Gewalttätigkeiten an den Universitäten und auf den Straßen ihre stärksten Impulse.[79] Und auch solche scheinbar zwecklose Gewalt ist alles andere als »irrational«. Wir leben in einer *erscheinenden* Welt und müssen uns daher im Umgang mit ihr auf das, was erscheint, verlassen können. Vernunft kann nur gelten, wo diese Verläßlichkeit garantiert ist, und Worte können Geltung nur so lange beanspruchen, als nicht der Verdacht besteht, daß sie dazu benutzt werden, etwas zu verbergen. Was Wut provoziert, sind nicht so sehr entgegenstehende Interessen als die »Scheinheiligkeit«, der Schein von Vernunft, hinter dem man sie zu verbergen trachtet. Sich vernünftig zu benehmen, wo die Vernunft als Falle gebraucht wird, ist nicht »rational«, so wie es nicht »irrational« ist, in Selbstverteidigung zur Gewalt zu greifen. Die gewalttätige Reaktion auf Heuchelei, so sehr sie innerhalb ihrer Grenzen zu rechtfertigen ist, verliert Berechtigung, sobald aus ihr eine bestimmte Strategie mit spezifischen Zielen entwickelt wird; sie wird »irrational« in dem Augenblick, in dem sie »rationalisiert« wird, das heißt sobald die Re-aktion im Verlauf des Kampfes in Aktion umschlägt, die Jagd auf Verdächtige beginnt und mit ihr die psychologische Jagd auf Hintergedanken und unbewußte Motive (s. Exkurs 12).

Nun hängt, wie ich bereits sagte, die Effektivität der Gewalt nicht von Zahlen ab – ein Mann mit einem Maschinengewehr kann Hunderte gut organisierter Menschen in Schach halten. Um so merkwürdiger ist, daß die eigentlich faszinierenden und gefährlichen Züge der Gewalttätigkeit erst bei dem Einsatz *kollektiver* Gewalt in Erscheinung treten. Fanon hat völlig recht, daß in allen

Gewaltaktionen, militärischer wie revolutionärer Art, »individualistische Werte als erste verschwinden«.[80] An ihre Stelle setzt sich eine Gruppenkohärenz, die sogenannte Kameradschaft, die intensiver empfunden wird und sich als stärkeres Band erweist als alle Formen der Freundschaft oder der Solidarität.[81] Zwar muß bei allen illegalen, kriminellen oder politischen, Aktionen die Gruppe um ihrer eigenen Sicherheit willen verlangen, »daß jeder einzelne eine Tat vollbringt, durch die er die Brücken zur bürgerlichen Gesellschaft unwiderruflich abbricht«, bevor er in die Gemeinschaft aufgenommen wird. Aber einmal aufgenommen, verfällt er dem Zauber des kollektiv-gewalttätigen Handelns, in dem, wie Fanon sagt, »jeder sich zum gewalttätigen Glied der großen Kette bildet, des großen Organismus der Gewalt, der gegen die anfängliche Gewalt des Kolonisators emporbrandet ... und so die Nation als ein ungeteiltes Ganzes vorbildet«.[82]

Fanon beschreibt sehr eindringlich das Phänomen der Brüderlichkeit, das in Situationen gewalttätigen Handelns auftaucht und das wir auch von den Schlachtfeldern kennen, wo oft die nobelsten, selbstlosesten Taten alltägliche Vorkommnisse sind. Von allen Instanzen, vor denen Menschen sich als Gleiche erfahren, dürfte der Tod in den seltenen Lagen, in denen ihm eine politische Rolle zukommt, die mächtigste sein. Denn gemeinhin ist sowohl die Erfahrung des Sterbens wie das innere Gewahrwerden der eigenen Sterblichkeit wohl die Politik-feindlichste Erfahrung, die es gibt. Für sie ist absolute Ohnmacht und Verlassenheit charakteristisch, da sie den Augenblick anzeigt, in der wir aus der Erscheinung und der Gemeinschaft unserer Mitmenschen verschwinden und damit aus den Gegebenheiten, welche die Grundbedingungen aller Politik sind. Dies ändert sich auch nicht, wenn eine Gruppe von Todesgefahr bedroht ist, der sie sich nicht anders als passiv entgegenstellen kann; die Flucht, das sauve-qui-peut, vereinzelt, der Angriff vereint. Der Tod, dem ein handelndes Kollektiv in der Gemeinsamkeit des Kampfes und der Gefahr begegnet, zeigt ein anderes Gesicht; dann ist es, als ob nichts unser Lebensgefühl stärker zu intensivieren vermöchte als seine Nähe. Etwas, dessen wir uns sonst kaum bewußt werden, nämlich daß der eigene Tod von der Unsterblichkeit der Gruppe, zu der wir gehören, begleitet ist, rückt plötzlich in das Zentrum der Todeserfahrung. Nun ist es, als ob das Leben selbst, das unsterbliche Fortleben des Menschengeschlechts, das sich von dem immerwährenden Sterben der Einzelnen gleichsam nährt, »emporbrandet«, als ob also gerade die unsterbliche Lebenskraft sich da aktualisiert, wo die Gewalttätigkeit herrscht.

Es wäre verfehlt, hier von bloßen Emotionen zu sprechen. Schließlich manifestiert sich in dieser Erfahrung eine der Grundbedingungen menschlicher Existenz. Entscheidend in unserem Zusammenhang aber ist, daß diese Erfahrungen, an deren elementarer Kraft nicht zu zweifeln ist, noch niemals zu dauerhaften politischen Institutionen geführt haben, und daß die Gleichheit vor dem Tod in der politischen Philosophie kaum eine Rolle spielt, obwohl die Sterblichkeit des Menschen – die Tatsache, daß wir ›Sterbliche‹ sind, wie die Griechen zu sagen pflegten – dem vorphilosophischen Denken der Griechen als eines der stärksten Motive des Handelns galt; weil der große Name noch lebt, wenn der Leib in Staub zerfallen, ist der Ruhm das Höchste von des Lebens Gütern, und das politische Gemeinwesen war ihnen vor allem auch eine Erinnerungsstätte, die ob ihrer potentiellen Unvergänglichkeit diese Unsterblichkeit des Andenkens vielleicht sichern konnte. Aber hier ging es ja gerade nicht darum, die Gleichheit vor dem Tod zu aktualisieren, sondern im Gegenteil durch Taten und Worte, die einen auf das bestimmteste vor allen anderen auszeichnen, seiner Gleichmacherei zu entgehen. (Hobbes, könnte man sagen, ist der einzige politische Denker, in dessen Philosophie der Tod eine Rolle spielt. Aber es ist bei Hobbes nicht die Sterblichkeit als solche, sondern die Furcht vor einem gewaltsamen, nicht natürlichen Tod, welche die Menschen dazu veranlaßt, den Naturzustand zu verlassen und ein Gemeinwesen zu gründen. Was die Gleichheit anlangt, so ist die egalisierende Instanz nicht der Tod, sondern die bei allen Menschen gleiche Fähigkeit zu töten.) Kein noch so egalitärer Staatskörper hat je an die Gleichheit der Menschen vor dem Tode, geschweige denn an die Aktualisierung dieser Gleichheit in den kollektiven Gewalthandlungen militärischer Unternehmungen, appelliert. Wohl aber hat die Erfahrung der Brüderlichkeit, die der kollektiven Gewalthandlung eignet, schon oft Anlaß zu falschen Hoffnungen gegeben, als könne aus ihnen eine neue Gemeinschaft und ein »neuer Mensch« entstehen.[83] Dies ist eine Illusion, weil keine menschliche Verbundenheit vergänglicher ist als die Brüderlichkeit, die sich nur unter Bedingungen unmittelbarer Lebensgefahr verwirklicht und sehr schnell verschwindet, wenn das Leben wieder normal geworden ist.

So jedenfalls sieht es in der Praxis aus. Theoretisch jedoch hat die Sache noch eine andere Seite. Fanon schließt aus seiner Beschreibung der in kollektiver Gewalttätigkeit gemachten Erfahrungen, daß durch sie dem Volke die Erkenntnis vermittelt werde, daß »alles Leben ein nie endender Kampf« und die Gewalt ein Element des Lebendigen sei, und zwar sein eigentlich schöpferisches Element. Hier sind wir offensichtlich nicht mehr mit Erfahrungen konfrontiert, sondern mit Theorien, und die Theorien sind uns aus den Lebensphilosophien Bergsons und Nietzsches wohl vertraut. Bei Fanon finden wir sie in Sorelscher Prägung wieder. Sorel entwarf seine »Apologie der Gewalt«, weil er in ihr die größte, wenn nicht einzige Manifestation des Lebens sah. Mehr als ein Jahrzehnt vor Spengler sagte er den »Untergang des Abendlandes« voraus, und zwar auf Grund der Beschwichtigung des Klassenkampfes, weil »die herrschenden Klassen nicht mehr den Mut haben zu regieren und sich der Vorrechte ihrer Lage schämen«, weil allen Ortes eine »tiefe Abneigung ... Gewalthandlungen gegenüber« besteht, weil die Bourgeoisie ihre »Energie« verloren hat und die Klassenspaltung und mit ihr die Rolle der Gewalt nicht mehr aufrecht erhält. Aber »alles kann noch gerettet werden, wenn [das Proletariat] durch die Gewalt dazu gelangt, die Klassenscheidung wieder zu festigen und dem Bürgertum etwas von seiner Energie wiederzugeben«.[84]

Lange bevor also Konrad Lorenz die lebensfördernde Funktion des Aggressionstriebs im Tierreich entdeckte, ist die Gewalt als Manifestation der Lebenskraft, insbesondere um ihrer angeblich schöpferischen Qualitäten willen, gepriesen worden. Sorel, unter dem Eindruck von Bergsons ›élan vital‹, schwebte eine »Philosophie des Schöpferischen«, des »producteur« im Gegensatz zum Verbraucher auf der einen, zum Intellektuellen auf der anderen Seite vor.[85] Dem »Bourgeois«: friedlich, selbstzufrieden, verlogen, genußsüchtig, ohne Machtwillen, eher ein spätes Produkt des Kapitalismus als dessen Repräsentant, und dem »Intellektuellen«, dessen Theorien »Konstruktionen« und nicht »Ausdrücke von Wollungen« seien,[86] stellt er den Arbeiter, nämlich den »Produzenten« entgegen. Der »Produzent« wiederum verkörpert die »zur Vervollkommnung der Produktion notwendigen Werte«, und was Sorel eigentlich mit seinem Buch beabsichtigte, war diese künftige »Produzentenmoral« aufzustellen, die mit dem parlamentarischen System Schluß machen wird, das »ebenso auf Schwindel beruht wie eine Versammlung von Aktionären«.[87] Die Generalstreiksidee dient nur dazu, »dem Bilde des Fortschritts ... das Bild der Gesamtkatastrophe entgegenzustellen«, in welcher »eine Art unwiderstehliche Flut über die alte Zivilisation hinweggehen wird«.[88] Was nun die moralischen Werte der künftigen Produzenten anlangt, so sind sie nicht sonderlich neu. In enger Anlehnung an Nietzsche hofft Sorel, »die durch die Idee des Generalstreiks erleuchtete Gewalt« werde die antiken und die eigentlich soldatischen Tugenden an die Stelle der »Konsumentenmoral« setzen,[89] also Ehre, Ruhmesgesinnung, Kampfgeist »ohne Haß und Rachegeist«, vor allem Verachtung materieller Vorteile; es sind tatsächlich die Tugenden, die man im Moralkodex des Bourgeois vergeblich suchen wird. »Der soziale Krieg vermag durch seinen Appell an das Ehrgefühl ... die niedrigen Gesinnungen auszuschalten ... Und wenn dieser Grund der einzige sein würde, ... so würde er ... für sich allein durchaus zugunsten der Verteidiger der Gewalt entscheiden.«[90]

Viel ist von Sorel, und mehr noch von seinem begabteren Zeitgenossen Pareto, zu lernen über die Motive, die Menschen dieses Jahrhunderts veranlassen konnten, theoretisch für die Gewalt zu optieren. Fanon, der praktisch unvergleichlich besser Bescheid wußte als seine Lehrer, spricht ihre Sprache auch dann noch, wenn sie seinen eigenen Erfahrungen widersprechen (s. Exkurs 13). Für Sorel wie für Pareto war die Dreyfus-Affäre das entscheidende Erlebnis, das sie zur Gewalt bekehrte. Damals erfuhren sie, wie »die Dreyfusards gegen ihre Gegner die gleichen niederträchtigen Methoden anwandten, die sie selbst noch eben gebrandmarkt hatten« (Pareto),[91] daß sie es also gar nicht mit wirklichen Gegnern zu tun hatten – hie die Armee, dort die Dreyfusards –, sondern mit einem System, in welchem mit jeweils verteilten Rollen nach den gleichen Regeln gespielt wurde. Das, was man damals und bis in die dreißiger Jahre das »System« nannte, nennen wir heute »Establishment«, und wir sollten nicht vergessen, daß eine der ersten Reaktionen auf dieses Phänomen die Verherrlichung der Gewalt und, was Pareto anlangte, die Verzweiflung an der Arbeiterklasse war. (Pareto sah schon damals, daß die Arbeiter voll in dies System integriert werden würden, und sprach von einem »Bündnis zwischen Bourgeoisie und Arbeiterschaft«, das ein neues System entstehen lassen würde: auf die Plutokratie würde die Pluto-Demokratie folgen.) Sorel hielt an seinem marxistischen Glauben an die Arbeiterklasse fest, weil diese »producteurs« das einzig schöpferische Element in der Gesellschaft darstellen und daher dazu bestimmt seien, die Produktivkräfte der Menschheit revolutionär freizusetzen; das Ärgerliche war nur, daß die Arbeiter, kaum daß sie befriedigende Lebens- und Arbeitsbedingungen erreicht hatten, sich hartnäckig weigerten, die ihnen von den Theoretikern zugeschriebene Rolle weiter- und zu Ende zu spielen.

Unvergleichlich verhängnisvoller als dieser »subjektive Faktor« sollte sich für den naiv marxistischen Glauben in der Folge, allerdings erst nach Sorels und Paretos Tod, eine andere »objektive« Entwicklung auswirken. Über die enorme Produktionssteigerung der letzten Jahrzehnte kann kein Zweifel bestehen, aber sie ist ausschließlich eine Errungenschaft der Technik, die ihrerseits weder der Arbeiterklasse noch der Bourgeoisie zu verdanken ist, sondern ausschließlich den Wissenschaftlern, also den von Sorel und Pareto so verachteten »Intellektuellen«, die plötzlich sich als alles andere als die »Parasiten« des Produktionsprozesses entpuppten. Sie haben in wenigen Jahrzehnten die Welt und die menschlichen Lebensbedingungen bis zur Unkenntlichkeit verändert und bilden heute die wahre Elite der modernen Welt, die einzige Schicht in ihr, die für ihr Weiterfunktionieren schlechthin unerläßlich ist. Zwar hat diese neue Elite vorläufig noch keine Macht, und dafür bestehen mancherlei Gründe; aber es besteht in der Tat kaum noch ein Zweifel, daß, mit Daniel Bell zu sprechen, »schließlich die Gemeinschaft der Wissenschaftler und Intellektuellen nicht nur alle großen Begabungen an sich ziehen, sondern daß vor allem auch der ganze Komplex des gesellschaftlichen Ansehens und des sozialen Status von ihr bestimmt werden wird«.[92] Diese Entwicklung zeichnet sich vorläufig nur im Rohen ab. Diejenigen, die dieser neuen Gruppe angehören, leben verstreuter und sind weniger an bestimmte Interessen gebunden, als die Klassen es waren. Sie brauchen sich, um ihre Arbeit zu tun, nicht im gleichen Sinn zu organisieren, und ihnen fehlt daher jede Erfahrung in der Erzeugung und im Gebrauch von Macht. Zudem fühlen sie sich kulturellen Traditionen, zu denen auch die revolutionäre Tradition gehört, verpflichtet, was sie unter Umständen daran hindern kann, ihre eigene neue Rolle in dem Produktionsprozeß und der Gesellschaft der Gegenwart zu verstehen. Es ist oft rührend zu sehen, wie die rebellischsten unserer Studenten, von denen schließlich eine beträchtliche Anzahl dieser Elite zugehören wird, sehnsüchtig darauf warten, daß ihre »Revolution« von den traditionell revolutionär gesinnten Schichten der Gesellschaft unterstützt werden wird, wie sie darum um die Anerkennung von Gruppen werben, die ihnen schon deshalb am feindlichsten gesinnt sind, weil jede Störung des glatten Funktionierens der Konsumgesellschaft sie am empfindlichsten treffen würde. Wie immer das ausgehen mag – und ich meine, es gibt viele Gründe, dieser Entwicklung besorgt entgegenzusehen –, die wirklich neue und potentiell revolutionäre »Klasse« wird aus Intellektuellen bestehen; ihr Machtpotential ist sehr groß, auch wenn sie noch keinen Gebrauch davon gemacht haben, größer vielleicht als uns lieb sein sollte. Aber das sind Spekulationen (s. Exkurs 14).

In unserem Zusammenhang handelt es sich um das seltsame Wiederaufleben der Lebensphilosophien von Bergson und Nietzsche in Sorelscher Prägung. Es kann doch wohl kein Zweifel daran bestehen, daß die alte Verknüpfung des Lebensbegriffs mit der Gewalt auf der einen und dem sogenannten Schöpferischen auf der anderen Seite nicht zufällig gerade heute in der rebellischen Geistes- und Gemütsverfassung der jungen Generation wieder auflebt. Den Ton auf die schiere Faktizität des Lebendigseins zu legen, die Geschlechtsliebe als des Lebens herrlichste Manifestation zu feiern, dies ist eine in ihrer Weise durchaus präzise Antwort auf die Bedrohung des irdischen Lebens durch den Fortschritt der Technik. Aber die Kategorien, in denen die neuen Verherrlicher des Lebens sich selbst verstehen, sind nicht neu. Die Produktivität der Gesellschaft im Bilde des »schöpferischen« Lebens zu sehen, ist mindestens so alt wie Marx; der Glaube an die lebensfördernde Funktion der Gewalt mindestens so alt wie Nietzsche; und Kreativität für die höchste Begabung des Menschen zu halten mindestens so alt wie Bergson.

Und auch die scheinbar so neuen biologischen Rechtfertigungen der Gewalt hängen wiederum aufs engste mit den verderblichsten Traditionsbeständen politischen Denkens zusammen. Wieder müssen wir auf den Machtbegriff zurückgreifen, der ja in unserer Tradition mit dem der Gewalt gleichgesetzt ist. Macht, so hören wir, ist von Natur expansiv, ihr wohnt ein »innerer Drang zu wachsen« inne, und weil »der Wachstumstrieb zu ihrem Wesen gehört«,[93] ist sie schöpferisch. Politisch kann sich dies angeblich Schöpferische nur in Expansion manifestieren, die Macht des einen kann nur auf Kosten des anderen wachsen. Macht, die ihren Bereich nicht erweitert, stirbt ab. (»Was aufhört zu wachsen, beginnt zu faulen«, sagt ein Wort aus der Umgebung Katharinas der Großen, das von Machttheoretikern gerne zitiert wird.) Könige, sagt man uns, werden hingerichtet »nicht, weil sie Tyrannen, sondern weil sie schwach sind. Das Volk errichtet Schafotte, nicht als *moralische* Strafe für Despotismus, sondern als *biologische* Strafe für Schwäche« (gesperrt vom Vf.). Deshalb richten sich Revolutionen in Wahrheit gar nicht gegen die etablierten Mächte. Sie »bewirken vielmehr eine Erneuerung und Stärkung der Macht, sie beseitigen die Hindernisse, die lange genug ihre Entwicklung verhindert hatten«.[94] Wenn Fanon von der der Gewalt immanenten »folie créative« spricht, denkt er in der Tradition dieser organisch-biologischen Kategorien.[95]

Denkt man im Bereich des Politischen in diesen Kategorien, so ergibt sich nahezu automatisch eine Gleichsetzung von Macht und Gewalt, in welcher die Gewalt den unbestreitbaren Vorrang haben, das heißt den Machtbegriff bestimmen wird. Im Haushalt der Natur sind Geburt und Tod, Neuschöpfung und Vernichtung nur Stadien desselben lebendigen Prozesses, die bruchlos ineinander übergehen. Zudem vollzieht sich dieser Prozeß in Form eines Kampfes ums Dasein, der zwischen den Gattungen des organischen Lebens unablässlich ausgefochten wird. Ganz abgesehen also von der großen Faszination, die kollektiver Gewalttätigkeit ohnehin innewohnt, erscheint hier die Gewalt als eine ebenso natürliche Grundbedingung für den kollektiven Lebensprozeß der Menschheit wie der Kampf ums Dasein und der gewaltsame Tod im Tierreich.

Dabei ist natürlich die Gefahr, sich von der trügerischen Plausibilität organischer Metaphern irreführen zu lassen, in der Diskussion der Rassenfrage besonders groß. Jeder Rassismus, der weiße wie der schwarze, ist von Haus aus gewaltträchtig, weil er gegen natürliche, organische Gegebenheiten protestiert, eine schwarze oder eine weiße Haut, die nicht von Meinungen abhängen, und an denen keine Macht etwas ändern könnte; kommt es hart auf hart, so bleibt nichts als die Ausrottung ihrer Träger. Rassismus ist, im Unterschied zur Rasse selbst, keine tatsächliche Gegebenheit, sondern eine zur Ideologie entartete Meinung, und die Taten, zu denen er führt, sind keine bloßen Reflexe, sondern Willensakte, die sich logisch aus gewissen pseudowissenschaftlichen Theorien ergeben. Auch die Gewalt, die im Rassenkampf auftritt, ist also, obwohl immer mörderisch, nicht eigentlich »irrational«, wobei man allerdings unter Rassismus nicht irgendwelche vagen Vorurteile zu verstehen hat, sondern ein ausgebildetes ideologisches System. Vorurteile, im Unterschied zu Interessen und Ideologien, pflegen dem Druck der Macht genauso zu weichen wie andere Meinungen auch, und die großen Erfolge der amerikanischen Bürgerrechtsbewegung, die ganz und gar gewaltlos war, sind dafür ein eindrucksvolles Beispiel. (»Um 1964 ... waren die meisten Amerikaner überzeugt, daß Unterdrückung und, in einem geringeren Ausmaß, Rassentrennung von Übel sind.«[96]) Diese Macht erwies sich als ohnmächtig erst, als sie auf gesellschaftliche Verhältnisse und Interessenkonflikte stieß, die durch keine Boykotts, Sit-ins und Demonstrationen zu beheben waren – die nackte Not in den schwarzen Ghettos einerseits, die überwältigenden Interessen des Kleinbürgertums in Wohnungs- und Schulfragen andererseits. Alles, was Macht hier erreichen konnte und auch wirklich erreichte, war, diese Zustände und die ihnen inhärenten Interessenkonflikte offen an den Tag zu bringen, was die Gefahr einer Explosion eher noch steigerte.

Aber selbst die Gewaltakte der letzten Jahre, die schwarzen Unruhen und die größere potentielle Gewalt eines weißen Rückschlags, sind noch keineswegs von Rassenideologien und ihrer mörderischen Folgerichtigkeit verursacht. (Die Krawalle sind, wie kürzlich konstatiert wurde, »artikulierte Proteste gegen echte Mißstände ...«.[97] »Zurückhaltung und abwägende Unterscheidung – also rationales Verhalten ... gehören sicher zu ihren entscheidenden Zügen.«[98] Und das Gleiche gilt auch für den weißen Gegenstoß, der bisher – entgegen allen Erwartungen – im allgemeinen sich nicht gewalttätig geäußert hat. Es ist die rational völlig verständliche Reaktion gewisser Interessengruppen, die wütend dagegen protestieren, den vollen Preis für gewisse, sehr zweifelhafte Integrationsprogramme zahlen zu sollen, deren Konsequenzen sich ihre Urheber mit Leichtigkeit entziehen können. S. Exkurs 15.) Die größte Gefahr droht nicht von einer bereits bestehenden Ideologie, sondern umgekehrt daher, daß eine weitere Eskalation der Gewalt in den Straßen zur Ausbildung rassistischer Ideologien führen könnte, um die Gewalt zu rechtfertigen. So ist auch der schwarze Rassismus, wie er uns in dem Manifest von James Forman (s. Exkurs 6) nackt und unverfroren entgegentritt, vermutlich eher eine rechtfertigende Reaktion auf die chaotischen und oft kriminellen Krawalle der letzten Jahre als deren Ursache. Dies könnte natürlich irgendwann einmal ein wirklich gewaltsames Zurückschlagen der Weißen provozieren, und die größte Gefahr wäre dann, daß sich die Vorurteile der Weißen in eine sich verselbständigende Rassenideologie kristallisierten, der die Forderung nach »Gesetz und Ordnung« dann tatsächlich nur noch als Fassade diente. In diesem vorläufig noch unwahrscheinlichen Fall könnte sich das Meinungsklima im Lande soweit verschlechtern, daß eine Mehrzahl seiner Bürger für Gesetz und Ordnung auf den

Straßen bereitwillig den Preis des unsichtbaren Terrors eines Polizeistaates zahlen würde. Das, was wir gegenwärtig haben, ein recht brutales und höchst sichtbares Zurückschlagen der Polizei, ist etwas ganz anderes.

Verhaltensweisen und Argumente in Interessenkonflikten pflegen sich nicht durch »Vernünftigkeit« auszuzeichnen. Nichts ist leider mit so hartnäckiger Beständigkeit von der Wirklichkeit widerlegt worden, wie das Credo des »aufgeklärten Eigeninteresses« (enlightened self-interest) – in seinem liberalen Sinne sowohl wie in der intellektuell anspruchsvolleren marxistischen Variante. Erfahrung mit ein wenig Nachdenken verbunden sagt deutlichst, daß kaum etwas sich so schlecht »aufklären« läßt wie das Eigeninteresse. Nehmen wir etwa das alltägliche Beispiel des Interessenkonflikts zwischen Mieter und Hausbesitzer. Es würde im »aufgeklärten Interesse« liegen, dafür Sorge zu tragen, daß das Haus in einem guten Zustand erhalten bleibt; aber dieses Interesse ist ganz verschieden von und steht in den meisten Fällen im Widerspruch zu dem Eigeninteresse des Hausherrn an hohem Profit und dem des Mieters an niedriger Miete. Ein Schiedsrichter, der ein Befürworter der »Aufklärung« wäre, könnte natürlich antworten, daß *auf die Dauer* das Interesse des Hauses im wahren Interesse sowohl des Hausherrn wie der Mieter liege; aber dieser Einwand läßt einen Faktor außer Betracht, der für alle Betroffenen von höchster Bedeutung ist: die Zeit. Das Eigeninteresse ist ich-bezogen, und dieses Ich stirbt oder zieht aus oder verkauft das Haus; da die Lebensumstände des Ichs sich beständig ändern – und das heißt letztlich, da der Mensch sterblich ist –, kann das Ich qua Ich nicht mit Interessen auf sehr lange Sicht rechnen. Die Abnutzung und der schließliche Ruin des Hauses ist eine Frage von Jahren, Mietsteigerung oder eine zeitweise geringere Profitrate betreffen das Heute oder das Morgen. Und etwas Ähnliches gilt natürlich mutatis mutandis auch für Konflikte zwischen Arbeitern und Unternehmern, Land- und Stadtbevölkerung usw. Das Eigeninteresse wird, wenn man von ihm verlangt, es solle das »wahre« Interesse, das Interesse der Welt im Unterschied zu dem des Ich, über das Interesse des Einzelnen stellen, immer erklären: Das Hemd ist mir näher als der Rock. Das mag nicht besonders vernünftig sein, aber es ist durchaus realistisch; es ist die nicht sehr noble, aber angemessene Antwort auf den Zeitunterschied zwischen dem Leben einzelner Menschen und der gänzlich anderen Lebenserwartung der uns gemeinsamen Welt. Von Leuten, die nicht die leiseste Ahnung haben, was ein Gemeinwesen bzw. was die *res publica,* das »öffentliche Ding« ist, zu erwarten, sie sollten, wenn es um ihr persönliches Interesse geht, gewaltlos reagieren und vernünftig argumentieren, ist weder realistisch noch vernünftig.

Da Gewalt ihrem Wesen nach instrumental ist, ist sie in dem Maße rational, als sie wirklich dazu dient, den Zweck, der sie rechtfertigen muß, zu erreichen. Und da Menschen, wenn sie zu handeln beginnen, niemals wissen oder wissen können, was sie tun bzw. was schließlich die Folgen ihres Tuns sein werden, ist Gewalttätigkeit in dem Maße rational, nämlich den Grundbedingungen menschlicher Existenz adäquat, als sie kurzfristige Ziele verfolgt. Mit Gewalt heizt man weder die Lokomotive des Fortschritts noch der Geschichte oder der Revolution, aber sie kann durchaus dazu dienen, Mißstände zu dramatisieren und die öffentliche Aufmerksamkeit auf sie zu lenken. So wie es manchmal zweckmäßig ist, das Unmögliche zu wollen, um Mögliches zu erreichen, so kann auch manchmal – wie Conor Cruise O'Brien, den gleichnamigen irischen Agitator aus dem vorigen Jahrhundert zitierend, gelegentlich bemerkte – einige Gewaltsamkeit vonnöten sein, um der Stimme der Mäßigung Gehör zu verschaffen. Gewalt nämlich, im Gegensatz zu dem, was ihre Propheten uns glauben machen wollen, ist erheblich geeigneter, Reformen zu erzwingen als Revolutionen auszulösen. Ohne die Studentenkrawalle an der Sorbonne hätte Frankreich sich schwerlich zu radikalen Reformmaßnahmen seines veralteten Universitätssystems entschlossen; ohne die schweren Studentenunruhen in New York im Frühjahr letzten Jahres hätte niemand im Traum daran gedacht, daß die Columbia Universität auch nur reformbedürftig sei; und es trifft vermutlich zu, daß in der Bundesrepublik die Existenz »andersdenkender Minoritäten ohne Provokation überhaupt nicht wahrgenommen« wird (Rudi Dutschke). Kein Zweifel, Gewalt »zahlt sich aus«, aber das Unglück ist, daß sie sich unterschiedslos auszahlt, für »soul«- und Swahili-Kurse für Negerstudenten ebenso wie für wirkliche Reformen. (Ob die Hochschulen noch reformfähig sind oder ob, wie der *Spiegel* meinte, die Universitätskrise sich zur Staatskrise ausweiten könnte, ist eine andere Frage.[99]) Und da Gewalttätigkeit und Krawalle nur für kurzfristige Ziele sinnvoll eingesetzt werden können, ist es, wie wir in Amerika reichlich Gelegenheit haben zu beobachten, immer noch wahrscheinlicher, daß sich die Obrigkeit zur Erfüllung offensichtlich unsinniger und auf die Dauer sehr gefährlicher Forderungen entschließen wird, nur weil sie sich leicht und schnell durchführen lassen – wie die Aufnahme unqualifizierter Studenten und die Einrichtung blödsinniger Kurse –, als daß die Taktik der Gewalt notwendige, aber langfristige Reformen erreicht.

Die Gefahr der Gewalttätigkeit, selbst wenn sie sich bewußt im Rahmen kurzfristiger Ziele hält, bleibt bestehen. Sie liegt darin, daß, wie man gemeinhin sagt, nicht der Zweck die Mittel, sondern die Mittel den Zweck bestimmen. Werden die Ziele nicht schnell erreicht, so ist das schließliche Resultat nicht nur die Niederlage, sondern das Überhandnehmen von Gewalttätigkeit in allen Bereichen des politischen Lebens. Denn Handlungen kann man nicht rückgängig machen, und eine Rückkehr zum status quo im Falle der Niederlage ist immer sehr unwahrscheinlich.[100] Die Praxis der Gewalt verändert, wie alles Handeln, die Welt; wo die Reform nicht gelingt, wird das Ergebnis schließlich sein, daß die Welt gewalttätiger geworden ist, als sie es vorher war.

Um schließlich auf Paretos und Sorels verhältnismäßig frühe Einsichten zurückzukommen, daß man es nicht eigentlich mehr mit Personen und einander feindlich gegenüberstehenden Klassen, sondern mit einem »System« zu tun hat, in dem sich alle gleicherweise verhalten und in die Hände spielen: Je mehr die Bürokratisierung des öffentlichen Lebens zunimmt, desto stärker wird die Versuchung sein, einfach zuzuschlagen. Denn in einer vollentwickelten Bürokratie gibt es, wenn man Verantwortung verlangt oder auch Reformen, nur den Niemand. Und mit dem Niemand kann man nicht rechten, ihn kann man nicht beeinflussen oder überzeugen, auf ihn keinen Druck der Macht ausüben. Bürokratie ist diejenige Staatsform, in welcher es niemanden mehr gibt, der Macht ausübt; und wo alle gleichermaßen ohnmächtig sind, haben wir eine Tyrannis ohne Tyrannen. Was die Studentenunruhen in der ganzen Welt miteinander gemeinsam haben, ist, daß sie sich überall gegen die bestehenden Bürokratien richten. Das erklärt, was auf den ersten Blick so verwirrend wirkt, daß nämlich die jungen Rebellen im Osten genau die Rede- und Gedankenfreiheiten fordern, welche ihre Kollegen im Westen als irrelevant ablehnen oder gar für eine Art von Betrug halten. Im Rahmen ideologischen Denkens, in denen diese Diskussionen zumeist geführt werden, ist das schwer verständlich; im Rahmen der wirklichen Tatbestände stellt sich die Sache einfacher dar. Schließlich ist es den ungeheuren Parteiapparaten überall gelungen, die Staatsbürger inklusive der Parteimitglieder völlig zu entmachten, und dies gilt auch für die Länder, in denen der Schutz der elementaren Bürgerrechte noch funktioniert. Die Rebellen des Ostens fordern Rede- und Gedankenfreiheit als die unerläßliche Vorbedingung politischen Handelns; die Rebellen des Westens leben unter Verhältnissen, in denen diese Vorbedingungen nicht mehr die Wege des politischen Handelns öffnen. Worum es im Westen geht, ist tatsächlich der »Praxisentzug«, wie Jens Litten es sehr treffend genannt hat (s. Exkurs 16). Das Absterben des Staates und des Gemeinsinns, der sich nur in einem öffentlichen Raum zur Geltung bringen kann, der damit verbundene »Praxisentzug« und das Überhandnehmen der reinen Verwaltung – von der sich noch Engels, uns unverständlicherweise, so viel versprach –, all dies hat eine lange Geschichte, die mit der Neuzeit anhebt. Aber dieser Prozeß ist in den letzten hundert Jahren durch das Aufkommen der riesigen Parteibürokratien noch erheblich beschleunigt worden. (Vor siebzig Jahren hat Pareto bereits gemeint, daß »die Freiheit, worunter ich die Macht zu handeln verstehe, in den sogenannten freien und demokratischen Ländern – außer für Verbrecher – täglich mehr zusammenschrumpft«.[101])

Was den Menschen zu einem politischen Wesen macht, ist seine Fähigkeit zu handeln; sie befähigt ihn, sich mit seinesgleichen zusammenzutun, gemeinsame Sache mit ihnen zu machen, sich Ziele zu setzen und Unternehmungen zuzuwenden, die ihm nie in den Sinn hätten kommen können, wäre ihm nicht diese Gabe zuteilgeworden: etwas Neues zu beginnen. Philosophisch gesprochen ist Handeln die Antwort des Menschen auf das Geborenwerden als eine der Grundbedingungen seiner Existenz: da wir alle durch Geburt, als Neuankömmlinge und als Neu-Anfänge auf die Welt kommen, sind wir fähig, etwas Neues zu beginnen; ohne die Tatsache der Geburt wüßten wir nicht einmal, was das ist: etwas Neues; alle »Aktion« wäre entweder bloßes Sichverhalten oder Bewahren. Keine andere Fähigkeit außer der Sprache, aber weder Verstand noch Bewußtsein, unterscheidet uns so radikal von jeder Tierart. Etwas tun und etwas beginnen ist nicht das gleiche, aber beides ist eng miteinander verknüpft. Alle dem Leben zugeschriebenen schöpferischen Qualitäten, die sich angeblich in Macht und Gewalt manifestieren, sind in Wahrheit einzig der Fähigkeit zu handeln geschuldet. Zeugen und Gebären sind so wenig »schöpferisch«, wie Sterben eigentlich »vernichtend« ist. Sie sind nur die verschiedenen Phasen des gleichen, unvergänglichen Kreislaufs, in den alles Lebendige gebannt ist. Macht und

Gewalt sind keine Naturphänomene und können mit Metaphern, die dem Lebensprozeß entnommen sind, niemals adäquat erfaßt werden. Ich glaube, es läßt sich nachweisen, daß keine andere menschliche Fähigkeit in solchem Ausmaß unter dem »Fortschritt« der Neuzeit gelitten hat wie die Fähigkeit zu handeln. Denn Fortschritt nennen wir den erbarmungslosen Prozeß des Mehr und Mehr, Größer und Größer, Schneller und Schneller, der immer gigantischerer Verwaltungsapparate bedarf, um nicht im Chaos zu enden. Woran Macht heute scheitert, ist nicht so sehr die Gewalt als der prinzipiell anonyme Verwaltungsapparat. Auf dem Höhepunkt des ČSSR Experiments mit der Freiheit definierte der Schriftsteller Pavel Kohout den freien Bürger als einen »Bürger-Mitregenten«. Damit meinte er nichts anderes als jene Mitbestimmungsdemokratie (participatory democracy), die in den letzten Jahren im Westen überall den modernen Repräsentativ-Systemen entgegengestellt worden ist. Kohout fügt hinzu, daß die Welt offenbar eines »neuen Beispiels« bedürfe, sollen »die nächsten tausend Jahre nicht zu einem Zeitalter überzivilisierter Affen« führen – bzw. die Menschen, wie der weit pessimistischere russische Physiker Sacharow ausführt, zu Hühnern oder Ratten werden, denen man »mittels mit dem Gehirn gekoppelten Elektroden« »angenehme elektronische Reize« versetzt und die von den »weisen Ratschlägen ihrer künftigen geistigen Helfer, den künstlichen Denkautomaten« regiert werden. Abgesehen von allem anderen: »Die Ratschläge können sich als unerwartet hinterhältig erweisen, die nicht menschliche Ziele, sondern den Sinn einer Lösung abstrakter, unvorhergesehen im künstlichen Gehirn umgeformter Aufgaben verfolgen.«[102]

Die Praktiken der Gewalt werden schwerlich dies neue Beispiel zu setzen imstande sein, obwohl ich meine, daß ihre Verherrlichung zu einem guten Teil die endliche Folge des neuzeitlichen »Praxisentzugs« ist. (Wer könnte leugnen, daß die Krawalle in den amerikanischen Ghettos und die Unruhen an den Universitäten

»den Beteiligten ein Gefühl des Zusammenhandelns geben, zu dem sie anders schwerlich je Gelegenheit haben«?[103]) Ob diese Vorgänge der Beginn von etwas Neuem oder, wie die Technokraten glauben, nur der Anfang vom Ende sind, die letzten Manifestationen einer Fähigkeit, welche die Menschheit zu verlieren im Begriff steht, wissen wir nicht. Mit größerer Bestimmtheit können wir sagen, daß das »neue Beispiel«, wenn überhaupt, nur in relativ kleinen Ländern oder kleinen, genau umschriebenen Sektoren der Massengesellschaften eine Chance haben kann.

Denn die in den letzten Jahren so offenkundig gewordenen Desintegrationsprozesse erfassen alles, was ursprünglich dazu bestimmt war, den Bedürfnissen der Massengesellschaften zu dienen. Überall zeigt sich die Unmöglichkeit, mit den Schwierigkeiten fertig zu werden: in der Schule und bei der Polizei, im Post- und Transportwesen, bei der Müllabfuhr und der Verunreinigung von Luft und Wasser, auf den Autobahnen mit ihrer hohen Todesrate und beim Verkehrsproblem in den Großstädten. Je größer und moderner eine Organisation ist, desto verletzlicher wird sie, und wiewohl niemand mit Bestimmtheit zu sagen vermag, wo und wann der kritische Punkt erreicht ist, können wir doch gerade bei den Supermächten deutlich beobachten, wie die Ohnmacht in ihnen anwächst. Das gilt im besonderen Maße für die gigantischen Parteiapparate im Osten wie im Westen, für die Ein-Partei-Diktaturen wie für die Zwei-Parteien-Systeme in England und Amerika und das europäische Vielparteien-System. Unter den politischen Institutionen ist die Partei die jüngste; sie sollte den politischen Erfordernissen der Massengesellschaft Rechnung tragen und ein Repräsentativsystem ermöglichen, wo direkte Demokratie nicht mehr möglich war, weil »der Raum nicht alle faßt« (John Selden).

Gleichzeitig beobachten wir ein merkwürdiges Wiederaufleben des Nationalismus, das gemeinhin als ein Rechtsruck verstanden wird, mit mehr Wahrscheinlichkeit aber einen zunehmenden, weltweiten Widerstand gegen »Größe« als solche anzeigt. Denn während das Nationalgefühl früher verschiedene Volksgruppen durch Konzentrierung ihres politischen Bewußtseins auf die »Nation« aneinander zu assimilieren pflegte, können wir heute beobachten, wie ein ethnischer »Nationalismus« die ältesten und am festesten gegründeten Nationalstaaten mit Auflösung bedroht. Dieser neueste Nationalismus ist nicht chauvinistisch und nicht expansionshungrig. Im Gegenteil: Die Schotten und die Walliser, die Bretonen und die Provençalen, also ethnische Gruppen, deren erfolgreiche Assimilation die Vorbedingung der Nationalstaaten gewesen war, wollen sich von der »Nation« wieder trennen und rebellieren gegen die für den Nationalstaat charakteristische Zentralisierung aller politischen und administrativen Funktionen in der Hauptstadt. Und während diese Zentralisierung, welche die Einheit der Nationalstaaten garantieren sollte, angesichts der Massenhaftigkeit der Gesellschaft in den Großstaaten sowohl wirtschaftlich wie politisch deutlich zu versagen beginnt, entschließen sich die USA, die auf dem föderativen, also dem nationalstaatlichen genau entgegengesetzten Prinzip, und auf der Gewaltenteilung, also einer Pluralität von Machtzentren, gegründet sind, zu dem für Amerika neuen Experiment der Zentralisierung aller Entscheidungen und Funktionen in Washington bzw. im Weißen Haus; denn so wie die Länder, die den Bundesstaat konstituieren, in den letzten Jahrzehnten immer entscheidender der ihnen durch die Verfassung garantierten Machtvollkommenheiten beraubt wurden, so sind auch die beiden Häuser des Kongresses, also die legislative Gewalt, von der Macht der Exekutive, also dem Präsidenten, immer mehr entmachtet worden, bevor sich ernsthafter Widerstand vor allem im Senat bemerkbar machte.[104]

Was immer die wirtschaftlichen und administrativen Vor- und Nachteile eines zentralisierten Staatsapparates sein mögen, die politischen Konsequenzen sind immer die gleichen: Monopolisierung der Macht führt zur Austrocknung oder zum Versickern aller lokalen Machtquellen des Landes, und damit letzten Endes zu einem offenbaren Machtverlust. So sind wir auch heute in Amerika, dessen Staatswesen ursprünglich auf einer großen Pluralität von Machtzentren basiert, die auf eine höchst sinnreiche Weise durch das System der »checks and balances« gegeneinander ausgespielt und vereinigt werden, nicht nur mit einer Desintegration der Machtstrukturen, sondern mit dem noch viel unheimlicheren Phänomen konfrontiert, daß auch Macht, die noch intakt ist und sich frei manifestieren kann, ihre Wirksamkeit verliert und den ihr gestellten Aufgaben nicht mehr gewachsen ist. Von der »Ohnmacht der Macht« zu sprechen, ist kein geistreiches Paradox mehr. Man denke nur an das erstaunliche Ereignis des »Kinderkreuzzugs«, den Senator Eugene McCarthys Wahlkampagne 1968 hervorrief. Er hatte, wie er sagte, »das System testen wollen«, ausprobieren, ob die normalen Kanäle republikanischer Politik noch funktionierten, und hatte damit der allgemein verbreiteten Abneigung dieses Volkes gegen eine imperialistische Abenteuerpolitik den öffentlichen Raum geschaffen, in dem sie wirksam in Erscheinung treten konnte; er hatte vor allem die Verbindung zwischen der Opposition im Senat mit der außerparlamentarischen Opposition auf den Universitäten und der Straße hergestellt, die Regierung zu einem zumindest temporären Wechsel der politischen Linie gezwungen, und bewiesen, daß die große Mehrheit der jungen Rebellen nur zu gern ihre »Entfremdungspolitik« aufgibt und bei der ersten ernsten Gelegenheit alles zu tun bereit ist, nicht um an dem Umsturz des Systems mitzuhelfen, sondern um es wieder in Gang zu bringen. Das hier entfaltete Machtpotential war sehr groß und konnte doch relativ leicht von der Parteibürokratie überwältigt werden, die darauf verzichtete, den populärsten Kandidaten zu nominieren, und lieber mit einem erwiesenermaßen unpopulären Kandidaten die Wahl verlor, als daß sie mit jemandem gewonnen hätte, der nicht ein Apparatschik war. (Etwas ganz Ähnliches passierte in der republikanischen Partei, als Rockefeller die Nominierung an Nixon verlor.)

Die Ohnmacht der Macht läßt sich auch an anderen Beispielen illustrieren. Dank der enormen Effektivität wissenschaftlicher Teamarbeit – vielleicht Amerikas hervorragendster Beitrag zu moderner Wissenschaft – können wir komplizierteste Prozesse mit einer Genauigkeit kontrollieren, die eine Reise zum Mond weniger gefährlich macht als gewöhnliche Wochenendausflüge; aber die angeblich »größte Macht der Welt« ist außerstande, einen für alle Betroffenen eindeutig katastrophalen Krieg in einem der kleinsten Länder der Erde zu beenden. Es ist, als seien wir wie im Märchen einem Zauberspruch verfallen, der uns die Gabe verliehen hat, das »Unmögliche« zu tun unter der Bedingung, daß wir die Fähigkeit, das Mögliche zu tun, verlieren, als gelinge uns das Außerordentliche nur noch um den Preis, daß wir alltägliche Bedürfnisse nicht mehr zu befriedigen wissen. Wenn Macht im Unterschied zum bloßen Können meint: wir-*wollen*-und-wir-können, dann liegt in der heutigen sich ständig noch steigernden Macht der Menschen auf der Erde ein seltsames Element der Ohnmacht; denn der Fortschritt der Wissenschaft ist von dem, was wir tun *wollen,* fast unabhängig geworden; seine Rasanz ist, wie die Wissenschaftler uns immer wieder erklären, nicht mehr zu stoppen, so wenig wie die scheinbar unaufhaltsame Entwicklung der Technik. Der Fortschritt folgt seinen eigenen unerbittlichen Gesetzen und zwingt uns, ohne Rücksicht auf die Folgen zu tun, was immer wir tun *können.* Sollte das Ich-will und das Ich-kann sich voneinander getrennt haben? Sollte Valéry rechtgehabt haben, als er vor fünfzig Jahren sagte: »On peut dire que tout *ce que nous savons*, c'est-à-dire tout *ce que nous pouvons*, a fini par s'opposer à *ce que nous sommes.«?*

Wiederum wissen wir nicht, wohin diese Entwicklungen uns führen. Aber wir wissen oder sollten wissen, daß jeder Machtverlust der Gewalt Tor und Tür öffnet, und sei es nur, weil Machthaber, die fühlen, daß die Macht ihren Händen entgleitet, der Versuchung, sie durch Gewalt zu ersetzen, nur sehr selten in der Geschichte haben widerstehen können.

Exkurse

1. Zu S. 29.

Es gibt in der *Deutschen Ideologie*, also den Notizen aus dem Jahre 1846, einen merkwürdigen Passus, auf den mich Professor B.C. Parekh von der englischen Hull Universität aufmerksam gemacht hat. Hier sagt Marx, daß »zur massenhaften Erzeugung eines kommunistischen Bewußtseins ... eine massenhafte Veränderung des Menschen nötig ist, die nur in einer praktischen Bewegung, in einer Revolution vor sich gehen kann; daß also die Revolution nicht nur nötig ist, weil die *herrschende* Klasse auf keine andere Weise gestürzt werden kann, sondern auch, weil die *stürzende* Klasse nur in einer Revolution dahin kommen kann, sich den ganzen alten Dreck vom Halse zu schaffen und zu einer neuen Begründung der Gesellschaft befähigt zu werden.« (Marx/Engels Gesamtausgabe, 1932, I. Abt. Bd. 5, S. 59 f.) Hier scheint Sartre der noch vormarxistischen Position des jungen Marx nahezukommen. Der Unterschied ist auch hier erheblich. Marx spricht von einer »massenhaften Veränderung *des* Menschen«, also des menschlichen Bewußtseins überhaupt; bei Sartre handelt es sich um die Befreiung Einzelner durch vereinzelte Gewaltakte. Der nur ein Jahr später geschriebene, auf S. 28 f. zitierte Satz von Engels zeigt, wie wenig nachhaltigen Einfluß selbst der hier ausgesprochene Gedanke auf das eigentliche Werk von Marx und Engels gehabt hat. Er steht wie vieles aus dieser frühen Zeit – z. B. auch die ganz »unmarxistischen« Reflexionen in dem Aufsatz »Zur Judenfrage« – ganz unter dem Einfluß des zeitgenössischen französischen Sozialismus und Kommunismus.

2. Zu S. 30.
Das unbewußte Abrücken der Neuen Linken vom Marxismus ist mehrfach vermerkt worden, so von Leonard Schapiro (in der *New York Review of Books*, 5. Dezember 1968) und von Raymond Aron (*La Révolution Introuvable*. Paris 1968). Beide sehen in der nachdrücklichen Hinwendung zur Gewalt eine Art Rückfall, und zwar entweder zum vormarxschen utopischen Sozialismus (Aron) oder zum russischen Anarchismus von Netschajew und Bakunin, »die hundert Jahre vor Jean-Paul Sartre und Frantz Fanon, in deren Werken die gleichen Ideen auftauchen, einiges zu sagen hatten über die Bedeutung der Gewalt als einen einigenden Faktor, als bindende Kraft in einer Gruppe oder einem Verein« (Schapiro). Aron äußert sich im gleichen Sinn: »Die Verkünder der Mai-Revolution glauben, den Marxismus überholt zu haben; ... sie vergessen ein Jahrhundert Geschichte«. (S. 14)

Für einen Nichtmarxisten dürfte solch eine Rückkehr zu Früherem kaum ein Einwand sein, wohl aber für Sartre, der allen Ernstes behaupten kann: »Un prétendu ›dépassement‹ du marxisme ne sera au pis qu'un retour au prémarxisme, au mieux que la redécouverte d'une pensée déjà contenue dans la philosophie qu'on a cru dépasser«; oder: »[Le marxisme] reste donc la philosophie de notre temps ... Nos pensées, quelles qu'elles soient, ne peuvent se former que sur cet humus; elles doivent se contenir dans le cadre qu'il leur fournit ou se perdre dans le vide ou rétrograder.« (Siehe »Question de Méthode« in *Critique de la raison dialectique*. Paris 1960, S. 17 u. 29.)

In der *Critique de la raison dialectique* sucht Sartre ausführlich sein Eintreten für die Gewalt zu begründen. Er geht davon aus, daß Mangel (*rareté*, das »Für-alle-reicht-es-nicht«) die Bedingung der Möglichkeit menschlicher Geschichte ist, die dann allerdings, um sich zu realisieren, noch anderer Faktoren bedarf (S. 201 u. 204). Da dem »Mangel« das »Bedürfnis« entspricht, muß »Unmenschlichkeit« so lange die Beziehungen der Menschen untereinander bestimmen, als »der Mensch das geschichtliche Produkt des Mangels« bleibt (S. 207). Der Aggressionstrieb entspringt dem Bedürfnis, und »Gewalt ist definierbar als die Struktur menschlichen Handelns unter der Herrschaft des Manichäismus und im Rahmen des Mangels« (S. 209). Unter solchen Umständen ist die Gewalt kein Randphänomen mehr; da es für alle nicht reicht, ist jeder für jeden »de trop«, überzählig und eigentlich überflüssig. Gewalt und Gegengewalt, das ist, was die Geschichte beherrscht; und wenn die von Gewalt provozierte Gegengewalt »im Gegner die Unmenschlichkeit des Gegen-Menschen [zu vernichten glaubt], vernichtet sie in Wahrheit nur die Menschlichkeit des Menschen in eben diesem Gegner und realisiert in sich selbst die eigene Unmenschlichkeit.« (ebenda)

Sartres Modell für eine Lage der Dinge, in welcher jeder im anderen den »Überzähligen« sieht, ist die Schlange von Wartenden an einer Bushaltestelle. Diese Gruppe zeichnet sich dadurch aus, daß zwischen den Wartenden keine Beziehung besteht; sie sind daher für Sartre »une pluralité de solitudes«: sie sprechen nicht miteinander und nehmen voneinander keine Notiz. Hieraus schließt er, daß sie einander »negieren« – aus dem keine Notiznehmen wird ein »dem Andern den Rücken kehren« (a. a. O., S. 309); der »Mangel« an verfügbaren Plätzen auf dem Autobus macht jeden in den Augen des anderen zu einem Überzähligen, jeder ist der Rivale des anderen, gerade weil sie in diesem Augenblick alle miteinander identisch sind – Wartende in der Schlange. Also wird aus der einfachen Beziehungslosigkeit eine »contradiction«, deren Folgen, ein Kampf aller gegen alle, nur durch die in Frankreich übliche Regelung der Platzkarten vermieden wird, in der Sartre aber gerade die »Unmöglichkeit« sieht, »die Überflüssigen auf Grund der ihnen als Individuen innewohnenden Eigenschaften zu bestimmen« (a. a. O., S. 312). Aus all dem folgt dann, daß die Praxis die Negation der Alterität (des Andersseins-als, das jedem Seienden, sofern es ist, zukommt) ist, die qua Alterität selbst eine Negation ist – ein willkommener Schluß natürlich, da die Negation einer Negation eine Affirmation ist.

Die Unschlüssigkeit dieser Argumentation scheint mir offensichtlich. Wenn ich von jemandem keine Notiz nehme, besagt das weder, daß ich seine Existenz »negiere«, noch, daß ich ihm den Rücken kehre, noch schließlich, daß ich in ihm einen Überzähligen sehe oder einen Rivalen. Und selbst wenn man Sartre diese Beschreibung der Gruppe als zahlenmäßiger Serie zugestehen wollte, dürfte von diesem »Negieren« für normale Menschen schlechterdings kein Weg zum wirklichen »Töten, Foltern, Versklaven« (S. 209) führen.

3. Zu S. 31.
Sie sind in der Tat eine gemischte Gesellschaft. Radikale Studenten tun sich gern mit Außenseitern, Hippies, Rauschgiftsüchtigen und Psychopathen zusammen. Die Situation wird noch komplizierter dadurch, daß den etablierten Mächten oft jedes Gefühl für die subtilen, aber wichtigen Unterschiede zwischen verbrecherischem und regelwidrigem Verhalten fehlt. Sit-ins und die Besetzung von Gebäuden sind nicht dasselbe wie Brandstiftung und bewaffneter Aufstand, und es handelt sich hier auch nicht nur um Gradunterschiede. (Nach Meinung eines Mitglieds des Kuratoriums von Harvard ist die Besetzung eines Universitätsgebäudes durch Studenten das gleiche wie der Einbruch des Straßenmobs in eine Zweigstelle der First National City Bank; das stimmt schon deshalb nicht, weil der Übergriff der Studenten sich auf ein Anwesen richtet, dessen Benutzung zwar gewissen Regeln unterliegt, zu dem sie jedoch gehören und auf das sie ebensoviel Anspruch haben wie Fakultät und Verwaltungsbehörde.) Alarmierender noch ist, daß Fakultäten wie Verwaltungsinstanzen Rauschgiftsüchtigen

und offen kriminellen Elementen gegenüber zu größerer Nachsicht neigen als gegenüber den Rebellen und politisch motivierten Delikten.

Helmut Schelsky hat schon 1961 (in *Der Mensch in der wissenschaftlichen Zivilisation.* Köln und Opladen 1961) die Möglichkeit eines »metaphysischen Nihilismus« beschrieben – das radikale Nein zu der wissenschaftlichen Zivilisation überhaupt. Diese Haltung »nihilistische« zu nennen, heißt, die moderne Welt als die einzig mögliche Welt zu unterstellen, und dies gerade bestreiten die jungen Rebellen. Man kann in der Tat ohne weiteres den Spieß umdrehen und mit Sheldon Wolin und John Schaar (vgl. ihre in Anm. 22 zitierte ausgezeichnete Reportage über Berkeley) sagen: »Die große Gefahr heute ist, daß die Etablierten und Arrivierten sich zu der tiefsten nihilistischen Verleugnung hinreißen lassen, die überhaupt möglich ist: zur Verleugnung der Zukunft, indem sie ihre eigenen Kinder, die Träger der Zukunft, verleugnen.«

Nathan Glazer schreibt in einem Artikel über die »Studentenmacht in Berkeley« (in *The Public Interest's* interessanter Sondernummer: *The Universities*, Herbst 1968): »Die radikalen Studenten erinnern mich mehr an die Maschinenstürmer als an die sozialistischen Gewerkschaftler, die den Arbeitern Bürgerrechte und Macht verschafften«, und er kommt unter diesem Eindruck zu dem Schluß, daß Zbigniew Brzeziński (in einem Artikel über die Columbia Universität in *The New Republic*, 1. Juni 1968) mit folgender Diagnose rechthaben könnte: »Revolutionen sind oft die letzten Zuckungen der Vergangenheit und in Wirklichkeit daher gar keine Revolutionen, sondern Konterrevolutionen, die im Namen von Revolutionen operieren.«

4. Zu S. 32.

Nach Präzedenzfällen und Analogien Ausschau zu halten, wo es keine gibt, sich – unter dem Vorwand, daß wir aus der Vergangenheit, besonders aus den Jahren zwischen den beiden Weltkriegen, lernen sollten – gar nicht erst darauf einzulassen, das, was getan und gesagt wird, aufgrund der Ereignisse selbst zu berichten und darüber nachzudenken, ist für einen Großteil der gegenwärtigen Diskussionen charakteristisch. Gänzlich frei von einem Eskapismus dieser Art ist Stephen Spenders glänzender und weiser Bericht über die Studentenbewegung in *Das Jahr der jungen Rebellen* (München 1969). Spender gehört zu den wenigen seiner Generation, die an der Gegenwart lebendigen Anteil nehmen *und* sich gleichzeitig ihrer eigenen Jugend so gut erinnern, daß ihnen die Unterschiede in Stimmung, Stil, Denken und Handeln auffallen. »Studenten von heute unterscheiden sich grundsätzlich von ihren Kommilitonen, wie sie vor vierzig Jahren in Oxbridge, Harvard, Princeton oder Heidelberg anzutreffen waren« (S. 218). So wie Spender denken heute all diejenigen, gleich welcher Generation, die, anstatt über sich selbst zu reflektieren oder im Sinne der Futurologen Denkspiele mit der Zukunft zu arrangieren, um die Zukunft der Welt und des Menschen im Ernst besorgt sind. (Vgl. z. B. Wolin und Schaar a. a. O., die mit Recht in der uns gemeinsamen Sorge das eigentliche Band sehen, das die Generationen vereinigt.) Dies trifft besonders für die Naturwissenschaftler zu, obwohl die Studenten in diesen Fakultäten, wohl weil sie an ihrem Studium leidenschaftlicher interessiert sind als ihre Kollegen in den Sozial- und Geisteswissenschaften, sich erst verhältnismäßig spät der Studentenrebellion angeschlossen haben. Adolf Portmann hat natürlich ganz recht, wenn er meint, daß die Generationskluft wenig oder nichts mit einem Konflikt zwischen Jung und Alt zu tun hat, daß sie vielmehr zusammenfällt mit der Entwicklung der Atomwissenschaft: »Die dadurch entstandene Weltlage ist völlig neu; ... das alles ... läßt sich mit keinem noch so mächtigen Umbruch der Vergangenheit vergleichen« (*Manipulation des Menschen als Schicksal und Bedrohung*. Zürich 1969, S. 29 f.) Und Physiker und Nobelpreisträger George Wald von Harvard hat in einer berühmt gewordenen Ansprache (vor den

Studenten des M.I.T. am 4. März 1969) klargestellt, daß die Lehrer »die Gründe des Unbehagens [ihrer Studenten] besser verstehen als diese selbst« und daß sie vor allem dies Unbehagen mit ihnen teilen. (In: *The New Yorker*, 22. März 1969)

5. Zu S. 32.
Für die gegenwärtige Politisierung der Universitäten werden gemeinhin die Studenten verantwortlich gemacht; die Studenten griffen die Universitätsbehörden nur an, weil die Universität das schwächste Glied in der Machtstruktur des Landes darstelle. Nun ist es natürlich ganz richtig, daß das Ende »der unvoreingenommenen Suche nach der Wahrheit und der geistigen Unparteiischkeit« auch das Ende der Universitäten wäre; zudem ist es höchst unwahrscheinlich, daß eine Industriegesellschaft gleich welcher Art imstande wäre, ohne diese merkwürdigen Institutionen weiter zu funktionieren, die außerhalb der gesellschaftlichen und politischen Machtapparaturen etabliert und darum unabhängig sind von gesellschaftlichem Druck und politischen Machtkonstellationen. Macht und Wahrheit sind wesensmäßig verschiedene Phänomene, die je ihren eigenen legitimen Zuständigkeitsbereich haben und existentiell verschiedene Lebensführungen verlangen. Zbigniew Brzeziński, der Politologe und Sowjetologe an der Columbia Universität, ist sich der Gefahr einer Politisierung bzw. Funktionalisierung der Universität bewußt, glaubt aber (wie er in einem Artikel über »America in the Technetronic Age« im *Encounter*, Januar 1968, ausführte), daß sie kaum eine Rolle spiele, da die modernen »organisationsorientierten und nur auf Anwendbarkeit bedachten Intellektuellen« eine neue »Superkultur« vorbereiteten, in der die Maßstäbe der technischen Nutznießung alle früheren objektiven Maßstäbe ersetzen könnten. (Für eine Kritik dieser Position, s. Noam Chomskys Kapitel »Objectivity and Liberal Scholarship« in Anm. 6.) Diese »Superkultur« unter der Herrschaft von Intellektuellen, die man Technokraten nennt, dürfte

sich dann wohl eher als ein Zeitalter der Gewaltherrschaft und äußerster Sterilität entpuppen.

Wie immer es sich damit verhalten mag, was uns in diesem Zusammenhang interessiert, ist die einfache Tatsache, daß der Politisierung der Universitäten durch die Studenten ihre Politisierung durch den Staat vorausgegangen ist. Die Tatsachen sind zu bekannt, um noch eigens aufgezählt zu werden; nur sollte man nicht übersehen, daß es sich hier wenigstens in Amerika keineswegs nur um Waffenforschung handelt. Der amerikanische Historiker Henry Steele Commager hat erst kürzlich auf die kuriose Rolle der Universitäten als »Stellungsvermittlungsbüros« hingewiesen – z. B. für die Dow Chemical Company, die das Napalmgas erzeugt, die CIA, die Armee und die Flotte, Institutionen also, von denen man in der Tat nicht sagen kann, daß sie zum »Erziehungswesen« gehören oder etwas mit Wahrheitsfindung zu tun haben (vgl. *The New Republic*. 24. Februar 1968). John Lindsay, der Bürgermeister von New York, fragt mit Recht: Wie kann sich die Universität noch ihrer Besonderheit als einer grundsätzlich unweltlichen Institution rühmen, »wenn sie sich auf Dinge wie Grundstückspekulationen einläßt und der Regierung dabei hilft, Kriegspläne für Vietnam zu entwerfen oder zu bewerten?« (vgl. *New York Times*: »The Week in Review« vom 4. Mai 1969). Zu behaupten, die Universität sei das »Gehirn der Gesellschaft« oder der Machtstruktur eines Landes, ist gefährlicher, arroganter Unsinn – und sei es nur, weil die Gesellschaft kein Körper ist und bestimmt kein hirnloser.

Um Mißverständnissen vorzubeugen: Ich stimme mit Stephen Spender darin überein, daß es Torheit wäre, wenn die Studenten die Universitäten zerschlügen (obgleich kein Zweifel besteht, daß nur sie das könnten, und zwar aus dem einfachen Grund, weil sie die große Zahl und damit die wirkliche Macht auf ihrer Seite haben), da die Universität ihre einzig mögliche Operationsbasis ist und bleibt. »Ohne Universität gibt es auch keine Studenten« (Spender, a. a. O., S. 32). Aber die Universität wird nur so lange diese Basis für die Studenten bleiben, als sie den einzigen Ort in der Gesellschaft darstellt, an dem Macht, ungeachtet aller faktisch bestehenden Perversionen und Täuschungsmanöver, nicht das letzte Wort hat. In der gegenwärtigen Situation besteht die Gefahr, daß entweder die Studenten oder die Exponenten der Macht Amok laufen, wie es in Berkeley der Fall war; wenn dies geschähe, hätten die Studenten lediglich einen neuen Faden in das »Muster des Unheils« geschlagen, von dem Professor Richard A. Falk von Princeton so treffend gesprochen hat.

6. Zu S. 36 und 89.
Wie das klassische Beispiel solcher Träume liest sich das von der National Black Economic Development Conference angenommene »Manifesto to the White Christian Churches and the Jewish Synagogues in the United States and all other Racist Institutions« (mimeographiert und leider nur teilweise veröffentlicht in der *New York Review of Books*, 10. Juli 1969), in dem James Forman den Kirchen und Synagogen »seine Millionenforderungen als den Anfang von Reparationen« präsentiert, die »sie uns als einem ausgebeuteten, entwürdigten, brutal behandelten, gemordeten und verfolgten Volk schulden«. Er meint, »es folge aus den Gesetzen der Revolution, daß die am meisten Unterdrückten Revolution machen«, deren Endziel »die Führung und totale Kontrolle über schlechthin alles ist, was innerhalb der USA existiert. Die Zeit ist vorbei, in der wir Befehlsempfänger waren mit dem Weißen Mann an der Spitze«. Um diese Umkehrung zu erreichen und »den Kolonisator zu stürzen, werden wir uns aller erforderlichen Mittel, einschließlich der Waffengewalt, bedienen müssen«. Und im gleichen Atem, in dem er im Namen seines Volkes (das natürlich in keiner Weise geschlossen hinter ihm steht) »den Krieg erklärt«, es ablehnt, »die Macht mit den Weißen zu teilen«, und fordert, daß das »weiße Volk in diesem Lande ... die Führungsrolle der Schwarzen bereitwillig akzeptiere«, appelliert er an »alle Christen und Juden«,

während der Zeit bis zur Machtübernahme – »und seien es tausend Jahre, das spielt keine Rolle« – »Geduld, Toleranz, Verständnis und Gewaltlosigkeit zu üben«.

7. Zu S. 38.
Für die Rebellen, schreibt Spender (a. a. O., S. 144), handelt es sich um »einen Konflikt zwischen ihrem moralischen Anliegen und dem unmoralischen Verhalten der offiziellen Führung … Sogar wenn sie sich, wie es z. B. bei doktrinären Marxisten vorkommt, … als indifferent gegenüber der Moral betrachten, verfallen sie schon in ihrer Rhetorik immer wieder darauf, ihren Kampf als den zwischen Gut und Böse hinzustellen.« Noam Chomsky (a. a. O., S. 368) führt Tatsachen an: »Tatsache ist, daß die meisten der tausend Einberufungsbefehle und anderen Dokumente, welche die [Wehrdienstverweigerer] am 20. Oktober [1967] im Justizministerium abgaben, von Männern kamen, die sich dem Wehrdienst hätten entziehen können, aber darauf bestanden, das Schicksal der weniger Privilegierten zu teilen.« Das gleiche gilt für alle möglichen Demonstrationen und Sit-ins der Wehrdienstverweigerer an den Universitäten und Colleges. In anderen Ländern ist die Situation ähnlich. Der *Spiegel* schildert zum Beispiel die lähmenden und oft demütigenden Bedingungen, unter denen Assistenten an den Forschungsinstituten der deutschen Universitäten arbeiten müssen: »Angesichts dieser Verhältnisse nimmt es geradezu wunder, daß die Assistenten nicht in der vordersten Front der Radikalen stehen« (23. Juni 1969, S. 58). Es ist immer das Gleiche: Interessengruppen verbinden sich nicht mit den Rebellen.

8. Zu S. 52.
Die Sanktionen der Gesetze, die jedoch nicht deren Wesen sind, richten sich gegen jene Bürger, die – ohne ihnen ihre Zustimmung zu versagen – selber vom Gesetz ausgenommen zu werden wünschen; selbst ein Dieb erwartet von der Regierung, daß sie

sein neuerworbenes Eigentum schütze. Man hat festgestellt, daß es in den frühesten Rechtsordnungen überhaupt keine Sanktionen gab (vgl. Jouvenel, Anm. 47, S. 369 ff.); Gesetzesbrecher kamen in Acht und Bann. Indem er das Gesetz brach, hatte der Verbrecher sich außerhalb der Gemeinschaft gestellt, die durch diese Gesetze konstituiert war.

D'Entrèves (Anm. 52, S. 128 ff.) weist bei der Betrachtung der »Komplexität des Gesetzes, selbst des Staatsgesetzes« darauf hin, daß »es tatsächlich Gesetze gibt, die mehr ›Direktiven‹ als ›Imperative‹ sind, die mehr ›angenommen‹ als ›auferlegt‹ werden und deren ›Sanktionen‹ nicht unbedingt in der möglichen Gewaltanwendung seitens einer ›souveränen‹ Staatsmacht bestehen«. Er vergleicht solche Gesetze mit »Spielregeln oder den Statuten eines Vereins oder den Vorschriften der Kirchen«. Ich füge mich, »weil für mich, im Unterschied zu anderen meiner Mitbürger, diese Regeln verbindlich sind«.

Ich meine, dieser Vergleich des Gesetzes mit »geltenden Spielregeln« läßt sich noch weitertreiben. Denn der springende Punkt dieser Regeln ist nicht, daß ich mich ihnen freiwillig unterwerfe oder daß ich ihre Gültigkeit theoretisch anerkenne, sondern daß ich praktisch nicht mitspielen kann, wenn ich mich ihnen nicht füge; ich nehme sie an, weil ich mitspielen möchte, und da Menschen nur im Plural existieren, ist der Wunsch, im großen Weltspiel mitzuspielen, letztlich identisch mit dem Wunsch zu leben. Jeder Mensch wird in eine Gemeinschaft mit bereits bestehenden Gesetzen hineingeboren, und er gehorcht ihnen vorerst deshalb, weil er, um leben zu können, mitspielen muß. Ich kann wie der Revolutionär die Spielregeln ändern wollen, oder ich kann für mich eine Ausnahme machen wie der Verbrecher; aber sie prinzipiell zu leugnen bedeutet nicht Ungehorsam, sondern die Weigerung, innerhalb der menschlichen Gemeinschaft zu existieren. Das übliche Dilemma: entweder ist das Gesetz absolut gültig und bedarf deshalb zu seiner Legitimierung eines unsterblichen, göttlichen Gesetzgebers, oder das Gesetz ist einfach ein Befehl, hinter dem nichts steht als das Gewaltmonopol des Staates, dieses Dilemma beruht auf einer Täuschung. Alle Gesetze, außer den Geboten eines Gottes, sind ›Direktiven‹ und nicht ›Imperative‹. Sie lenken das menschliche Miteinander wie Regeln das Spiel. Und ihre Gültigkeit gründet sich letztlich auf die römische Maxime: *Pacta sunt servanda.*

9. Zu S. 62.
Offiziell ist über diese Verhandlungen so gut wie nichts bekannt geworden, so daß wir für de Gaulles plötzlichen Entschluß wie für den Inhalt der Gespräche auf Vermutungen angewiesen sind. Hält man sich an die Ereignisse selbst, so scheint der Preis, den er für die Unterstützung der Armee zu zahlen hatte, die öffentliche Rehabilitierung seiner Feinde gewesen zu sein – Amnestie für General Salan, die Rückkehr Bidaults und des Obersten Lacheroy, der einst als der »Folterer in Algerien« bekannt war, posthume Rehabilitierung Pétains, der wieder zum »Sieger von Verdun« wurde. Auch de Gaulles unglaubliche, offensichtlich lügenhafte Behauptung unmittelbar nach seiner Rückkehr nach Paris, daß die kommunistische Partei für das, was man in Frankreich »les évènements« nannte, verantwortlich zeichne, dürfte zu den ausgehandelten Konzessionen gehört haben. Das einzige, was die Regierung damals den Kommunisten und den Gewerkschaften hätte vorwerfen können, war ihre Ohnmacht, daß sie nämlich trotz besten Willens völlig außerstande waren, die »évènements« zu verhindern.

10. Zu S. 66.
Es wäre interessant zu wissen, ob und inwieweit der alarmierende Prozentsatz nicht aufgeklärter Verbrechen in einem Verhältnis nicht nur zu der auffallenden Zunahme der Kriminalität steht, sondern auch zu einer entschiedenen Brutalisierung der Polizei.

J. Edgar Hoovers *Uniform Crime Report for the United States* (1968) macht keine Angaben über die Zahl der aufgeklärten Verbrechen – die von denen, die »durch Festnahme erledigt wurden«, zu unterscheiden sind –, erwähnt jedoch in der Zusammenfassung, daß Festnahmen in schweren Verbrechen im Jahr 1967 um acht Prozent abnahmen. Nur in 21,7 (oder 21,9) Prozent aller gemeldeten Delikte wurde überhaupt verhaftet, und von den Inhaftierten konnten 75 Prozent dem Gericht überstellt werden, von denen wiederum 60 Prozent verurteilt wurden. Hinzu kommt, daß die Zahl der nicht gemeldeten und polizeilich überhaupt nicht erfaßten Delikte sehr hoch ist und ständig ansteigt. Die Verbrecher sind also so sehr im Vorteil, daß die Zunahme der Kriminalität nur natürlich scheint. Was immer der Grund für den auffallenden Niedergang polizeilicher Leistungsfähigkeit sein mag – daß die Macht der Polizei abnimmt, ist evident, und damit wird eine zunehmende Brutalisierung immer wahrscheinlicher. Studenten und Demonstranten sind natürlich willkommene Objekte einer Polizei, der es kaum mehr gelingt, einen Verbrecher zu fassen.

Ein Vergleich mit der Situation in anderen Ländern wird durch die Verschiedenartigkeit der statistischen Methoden erschwert. Jedoch scheint die Zunahme der unaufgeklärt bleibenden Verbrechen, wiewohl ein ziemlich allgemeines Problem, nirgendwo so beunruhigende Ausmaße angenommen zu haben wie in den USA. In Paris zum Beispiel sank der Anteil der aufgeklärten Verbrechen von 62 Prozent (1961) auf 56 Prozent (1968), in Deutschland von 73,4 (1954) auf 52,2 Prozent (1967), und selbst in Schweden, wo die Zahl im Jahre 1967 nur noch 41 Prozent betrug, war das Risiko des Verbrechers, gefaßt zu werden, dreimal so hoch wie in Amerika. (Vgl. »Zu laut, zu langsam«. In: *Der Spiegel*, 7. April 1969.)

11. Zu S. 68.
Solschenizyn zeigt an konkreten Einzelheiten, wie alle Versuche, die wirtschaftliche Entwicklung UdSSR zu rationalisieren, durch den Terror vernichtet wurden, und man kann nur hoffen, daß dieses Buch den Mythos begraben wird, Terror und ungeheure Verluste an Menschenleben seien der Preis gewesen, der für eine schnelle Industrialisierung nun einmal gezahlt werden mußte. Wirklichen Fortschritt gab es erst nach Stalins Tod, und es ist auffallend, daß das Rußland von heute nicht nur im Vergleich zum Westen, sondern auch im Vergleich zu seinen Satellitenländern immer noch im Rückstand ist. In Rußland selbst scheint man sich über diesen Punkt keinen Illusionen mehr hinzugeben, sofern man das je getan hat. Die jüngere Generation, vor allem die Veteranen aus dem Zweiten Weltkrieg, wissen sehr wohl, daß nur ein Wunder das Land 1941 vor einer Niederlage bewahrt hat und daß dieses Wunder möglich wurde, weil der Feind sich als noch größeres Übel erwies als die einheimischen Herrscher. Den Ausschlag gab dann, daß unter dem Druck des nationalen Notstands der Terror nachließ: das sich selbst überlassene Volk konnte sich wieder zusammentun und genügend Macht entwickeln, um den Eindringling zu vernichten. Als die Männer aus den Gefangenenlagern oder von der Zwangsarbeit zurückkehrten, wurden sie prompt in Arbeits- und Konzentrationslager gesteckt, wo ihnen freiheitliche Anwandlungen ausgetrieben werden sollten. Und gerade die Generation, die während des Kriegs die Freiheit und hinterher den Terror zu spüren bekommen hatte, ist es, die sich heute gegen die Gewaltherrschaft, die nicht mehr totalitär ist, zur Wehr setzt.

12. Zu S. 79.
Um zu glauben: »Erst dann, wenn der Staat die Gewalt offen praktiziert, können wir diese Scheiß-Gesellschaft mit angemessenen Mitteln bekämpfen und vernichten«, muß man offenbar den

Verstand verloren haben (zitiert aus *Der Spiegel*, 10. Februar 1969, S. 30). Dieser Verlust ist kein Novum in der linken Politik der letzten Jahrzehnte. Was die Rebellen hier erklären, liest sich wie eine sprachlich, so kaum intellektuell, vulgarisierte Variante der kommunistischen Politik in den dreißiger Jahren: Der Sieg Hitlers, so lautete die offizielle Linie der Partei, konnte denen, die Hitler verfolgte, nur zum Sieg verhelfen; die Niederlage war ein Sieg, weil nun der Kapitalismus sein wahres Gesicht offenbarte. Dies Gerede war damals wie heute entweder reine Schauspielerei, die revolutionäre Version der Heuchelei, oder ein schlagendes Zeugnis für den politischen Schwachsinn von »Gläubigen«. Immerhin stand vor fünfunddreißig Jahren hinter dem Unsinn mehr als dummes Gerede, nämlich die von Stalin diktierte, pro-Hitlersche Parteilinie.

Sicher braucht man sich nicht zu wundern, daß deutsche Studenten mehr zum Theoretisieren neigen und weniger von politischem Handeln und Urteilen verstehen als ihre Kommilitonen in Ländern mit einer anderen politischen Tradition; oder daß die gewiß beklagenswerte Isolierung der Bewegung besonders ausgeprägt in Deutschland ist, ihr Einfluß auf das Meinungsklima des Landes, sieht man von feindlichen Reaktionen ab, sich kaum fühlbar macht. Dennoch mag Spender, was dies anlangt, recht haben: Es ist nicht nur die Gewalttätigkeit der Studenten, die so aufreizend wirkt; in Deutschland wirken sie zudem als »Mahner und Erinnerer. Die Alten bemerken an dieser jungen Generation nicht nur das völlig Neue, sondern sie sehen auch, daß dieser Jugend etwas von auferstandenen Geistern aus hastig zugescharrten Gräbern anhaftet« (a. a. O., S. 117).

Und doch, wenn all dies gesagt und in Rechnung gestellt ist, bleibt die bestürzende Tatsache, daß bisher noch keine der linken Gruppen in Deutschland, deren lautstarker Protest gegen anderer Länder nationalistische oder imperialistische Politik notorisch ist, sich je ernsthaft für die Anerkennung der Oder-Neiße-Linie eingesetzt hat, die doch nicht nur der Angelpunkt der deutschen Außenpolitik ist, sondern auch der Prüfstein deutschen Nationalismus.

13. Zu S. 84.
Dies betont auch Barbara Deming in »Revolution: Violent and Nonviolent« (in: *Liberation*, Februar 1968). Fanons Buch, schreibt sie, könnte man genau so gut als ein Plädoyer für gewaltloses Handeln lesen. »Man setze nur jedesmal, wenn man in seinem Buch auf das Wort ›Gewalt‹ stößt, die Formel ›radikale und kompromißlose Aktion‹ dafür ein. Ich behaupte, daß mit Ausnahme von ein paar Stellen dieser Austausch vorgenommen werden kann und daß die Aktion, zu der er aufruft, genau so gut gewaltlos sein könnte.« Etwas anderes ist in meinem Zusammenhang noch wichtiger: Barbara Deming versucht ebenfalls, zwischen Gewalt und Macht zu unterscheiden, und sie gibt zu, daß auch »gewaltlosen Störungen« immer etwas Gewaltsames anhaftet, daß Aktionen, die darauf abzielen, bestimmte Prozesse lahmzulegen – den Verkehr auf der Straße oder den Unterricht an den Universitäten –, sich physischer Gewalt bedienen. Dabei unterschätzt sie merkwürdigerweise die Konsequenzen solcher Störaktionen, wenn sie meint, sie seien eben doch gewaltlos, weil »die Menschenrechte des Gegners respektiert werden«. Nur sein Recht auf Leben, aber keines seiner anderen »Menschenrechte« ist respektiert. Ähnliches gilt natürlich für die beliebte Unterscheidung zwischen »Gewaltanwendung gegenüber Sachen« und »Gewaltanwendung gegenüber Personen«.

14. Zu S. 86.
Daniel Bell gründet seinen immerhin vorsichtigen Optimismus auf der Tatsache, »daß wissenschaftliche und technische Arbeit auf theoretischem Wissen beruht, das desinteressiert erworben, kontrolliert und zu Papier gebracht wird« (s. Anm. 92); und dieser

Optimismus ist vielleicht so lange gerechtfertigt, als Wissenschaftler und Technologen nicht an Macht, sondern höchstens an gesellschaftlichem Ansehen interessiert sind. Noam Chomskys Pessimismus: »Weder Geschichte noch Psychologie noch Soziologie geben uns Anlaß, der Herrschaft der neuen Mandarine hoffnungsvoll entgegenzusehen«, mag übertrieben sein; es gibt dafür bis jetzt noch keine Präzedenzfälle in der Geschichte, und Wissenschaftler und Intellektuelle, die mit so beklagenswert regelmäßiger Bereitwilligkeit jeder Regierung gedient haben, die zufällig an die Macht kam, waren noch keine »Meritokraten«; sie wollten Prestige, aber nicht Macht. Doch Chomsky stellt mit Recht die Frage: »Welche Gründe sprechen denn überhaupt für die Annahme, daß diejenigen, die auf Grund ihrer Kenntnisse und technischen Fähigkeiten Macht für sich beanspruchen, segensreicheren Gebrauch von ihr machen werden als diejenigen, deren Anspruch sich auf Reichtum oder aristokratische Herkunft gründet?« (a. a. O., S. 27). Und es besteht Grund genug, weiter zu fragen: Was spricht denn für die Annahme, daß der Widerstand gegen eine Meritokratie, deren Herrschaft ausschließlich auf »natürlichen« Gaben, d. h. auf der Arbeitskraft ihrer Gehirne, beruht, nicht gefährlicher und nicht gewalttätiger sein wird als der Widerstand sozial unterdrückter Gruppen, die zumindest den Trost haben, daß sie nicht selber ›schuld‹ an ihren Lebensbedingungen sind? Wäre es nicht möglich, daß dieser Widerstand die mörderischen Züge eines Rassenkampfes im Unterschied zu den Klassenkämpfen der Vergangenheit annehmen wird, da es sich ja in diesem Konflikt auch um natürliche, unabänderliche Gegebenheiten handeln wird, von denen man sich nur dadurch befreien kann, daß man die »Rasse« mit höheren Intelligenzquotienten liquidiert? Und da doch in solch einer Konstellation die zahlenmäßige Überlegenheit der Benachteiligten überwältigend und gesellschaftliche Mobilität gleich Null sein wird, ist es nicht sehr wahrscheinlich, daß die Bedrohung durch Demagogen oder Volksführer so groß werden wird, daß die Meritokratie zwangsläufig in Tyrannei und Despotismus endet?

15. Zu S. 89.
Stewart Alsop, in einem Leitartikel in *Newsweek* vom 21. Oktober 1968, »The Wallace Man«, schreibt mit Recht: »Es mag unliberal sein, wenn ein Wallace-Mann nicht geneigt ist, seine Kinder im Zeichen der Integration in schlechte Schulen zu schicken, aber es ist keineswegs unnatürlich. Und es ist auch nicht unnatürlich, wenn er sich über die ›Belästigung‹ seiner Frau ärgert oder sich sorgt um den Grundstückwert seines Hauses, das alles ist, was er besitzt!« Er zitiert auch George Wallaces demagogisch wirkungsvollstes Argument: »Es gibt 535 Kongreßmitglieder, und viele dieser Liberalen haben auch Kinder. Wissen Sie, wieviele ihre Sprößlinge in die [integrierten] öffentlichen Schulen in Washington schicken? Sechs.«

Ein weiteres besonders gutes Beispiel für die Kurzsichtigkeit bestimmter Integrationsmaßnahmen hat Neil Maxwell jüngst in *The Wall Street Journal* veröffentlicht (8. August 1968). Die amerikanische Bundesregierung fördert die Schulintegration im Süden dadurch, daß sie in Fällen von flagranter Zuwiderhandlung die Bundeszuschüsse sperrt. In einem solchen Fall wurde die jährliche Unterstützung von 200 000 Dollar eingestellt. »Von der Gesamtsumme waren 175 000 Dollar direkt an die Negerschulen gegangen ... die Weißen erhoben prompt Steuern, um die restlichen 25 000 zu ersetzen. Kurz, was als Hilfe für die Ausbildung der Neger gedacht war, hatte in Wirklichkeit eine vernichtende Wirkung auf ihr bestehendes Schulsystem und nicht die geringste Wirkung auf die Schulen der Weißen.«

16. Zu S. 93.
In den ideologischen, von Klischees durchsetzten und durch Jargon verzerrten Spiegelfechtereien, in denen die Neue Linke des Westens ihre Debatten zu führen pflegt, besteht wenig Aussicht, solche Sachverhalte zu klären. Hinzu kommt die gerade für die deutschen Studenten charakteristische »teutonische Überheblichkeit« in Sachen des »Seminar-Marxismus«, auf den Günter Grass seinerzeit nachdrücklich hingewiesen hat – in der *Zeit* vom 8. Oktober 1968. »Sie wissen überhaupt nichts, aber sie wissen alles besser«, meinte laut Grass ein junger Prager Historiker. Hans Magnus Enzensberger scheint sich gern zum Wortführer dieser ahnungslosen Besserwisser zu machen; er urteilt über die Prager Studenten: »Die Dokumente zeugen von einem äußerst beschränkten Horizont. Ihre politische Substanz ist dürftig« (*Kursbuch* Nr. 13). An dieser Mischung von Dummheit und Unverschämtheit gemessen wirken die Äußerungen der östlichen Rebellen ungemein erfrischend und vernünftig, wenn man auch nur mit Schaudern an den exorbitanten Preis denken kann, den sie dafür haben zahlen müssen, zur Vernunft zu kommen. Ein tschechischer Studentenführer namens Jan Kavan schreibt: »Meine Freunde in West-Europa pflegen zu sagen, wir kämpften nur für bürgerlich-demokratische Freiheiten. Aber ich scheine irgendwie zwischen kapitalistischen und sozialistischen Freiheiten nicht unterscheiden zu können. Alles, was ich sehe und anerkenne, sind grundsätzliche Menschenfreiheiten« (*Ramparts*, September 1968). Er dürfte ähnliche Schwierigkeiten mit der beliebten Unterscheidung zwischen »progressiver und repressiver Gewalt« haben.

Und doch, obwohl all dies so offensichtlich wahr ist, darf man nicht leichthin folgern, wie es so häufig geschieht, daß es in den westlichen Ländern gar keinen Grund für legitime Klagen, gerade was die Freiheit anlangt, gäbe. Sicher ist es nur natürlich, wenn »die ČSSR gegenüber ihren westlichen Kollegen vor allem Neid empfinden« (wie Spender aus einer ČSSR zitiert, a. a. O., S. 90);

was sie nicht empfinden und wovon sie nichts wissen, sind weniger brutale und trotzdem sehr entscheidende Erfahrungen in politischer Ohnmacht bei voller Freiheit.

Anmerkungen

1 *Herrn Eugen Dührings Umwälzung der Wissenschaft* (1878), II. Abschnitt, Kap. 2.

2 Harvey Wheeler, »The Strategic Calculators«. In: Nigel Calder, *Unless Peace Comes*, New York 1968, S. 109. (Deutsch unter dem Titel: *Eskalation der neuen Waffen*, München 1969. Zitate nach dem amerikanischen Original).

3 Engels, a. a. O., II. Abschnitt, Kap. 3.

4 Vgl. die Ausführungen von General André Beaufre, *Battlefields of the 1980s*: Danach sind nur »in den nicht von der atomaren Abschreckung erfaßten Teilen der Welt« noch Kriege möglich, und auch diese »konventionelle Kriegführung« wird, ungeachtet ihrer Schrecken, de facto limitiert durch die stets drohende Gefahr der Eskalation zum Atomkrieg. (In: Calder, a. a. O., S. 3).

5 Der anonym erschienene *Report from Iron Mountain*. New York 1967 (Deutsch unter dem Titel: *Verdammter Friede*. München 1968), eine Satire auf die Rand Corporation und andere »think tanks«, kommt der Wirklichkeit wahrscheinlich näher als die meisten »ernsthaften« Untersuchungen. Sein Hauptargument: der Krieg sei für das Funktionieren unserer Gesellschaft so wichtig, daß wir nicht wagen könnten, ihn abzuschaffen, ehe wir nicht noch mörderischere Methoden, mit unseren Problemen fertigzuwerden, erfunden haben.

6 So Noam Chomsky in *American Power and the New Mandarins*. New York 1969 (Deutsch unter dem Titel: *Amerika und die neuen Mandarine*. Frankfurt a. M. 1969. Zitate nach dem amerikanischen Original).

7 In *The New Yorker*, 9. Februar 1968.

8 Es gibt natürlich eine reiche Literatur über Krieg und Kriegsführung; sie befaßt sich jedoch nur mit den Gewalt*mitteln*, nicht mit der Gewalt als solcher.

9 a. a. O., Abschnitt II, Kap. 4.

10 Wheeler, a. a. O., S. 107 und Engels, a. a. O. ebenda.

11 Andrej D. Sacharow, *Wie ich mir die Zukunft vorstelle*. Zürich 1968, S. 20. Vgl. auch den *Report from Iron Mountain*, der den Frieden kurzerhand als die Fortsetzung des Krieges mit anderen Mitteln bezeichnet.

12 Wheeler, a. a. O. ebenda.

13 Nigel Calder, *The New Weapons*. In: Calder, a. a. O., S. 239.

14 M. W. Thring, *Robots on the March*. In: Calder, a. a. O., S. 169.

15 Vladimir Dedijer, *The Poor Man's Power*. In: Calder, a. a. O., S. 29.

16 Engels, a. a. O., II. Abschnitt, Kap. 4.

17 Jakob Barion zitiert diese aus einem Manuskript von 1847 stammende Bemerkung des jungen Engels in seiner Schrift *Hegel und die marxistische Staatslehre.* Bonn 1963.

18 Es ist recht aufschlußreich, daß Hegel in diesem Zusammenhang von »Sichselbstproduzieren« spricht; vgl. *Vorlesungen über die Geschichte der Philosophie*, ed. J. Hoffmeister, Leipzig 1940, Bd. I, S. 114.

19 Noam Chomsky, a. a. O., S. 368, erwähnt unter den Motiven für eine offene Rebellion die in der Tat gerade in dieser Generation weitverbreitete »Furcht, sich wie die sogenannten ›guten Deutschen‹ [unter Hitler], die wir alle verachten gelernt haben, zu verhalten.«

20 Frantz Fanon, *Les Damnés de la Terre.* Paris 1961 (deutsch: *Die Verdammten dieser Erde.* Frankfurt 1966) S. 25. Ich zitiere nach der Originalfassung und benutze das Buch wegen seines großen Einflusses auf die heutige Studentengeneration. Allerdings hat Fanon selbst der Gewalt gegenüber sehr viel mehr Vorbehalte als seine Bewunderer, die nur das erste Kapitel des Buches, »Von der Gewalt«, gelesen zu haben scheinen. Fanon kennt »diese reine, totale Brutalität, die unweigerlich binnen weniger Wochen zur Niederlage der Bewegung führt, wenn sie nicht sofort niedergeschlagen wird.« (siehe S. 93/94)
Für die jüngste Eskalation der Gewalt in der Studentenbewegung vgl. die sehr aufschlußreiche Titelgeschichte »Gewalt« im *Spiegel* vom 10. Februar 1969 ff. sowie die Serie »Mit dem Latein am Ende«, ebenda, Nr. 27 u. 28, 1969.

21 Das letzte dieser Epitheta wäre sinnvoll, wenn es beschreibend gemeint wäre. Aber dahinter steckt Marx' Ideal einer Gesellschaft von freien Produzenten und von der Befreiung der gesellschaftlichen Produktivkräfte, die jedoch, wie sich herausgestellt hat, nicht von der Revolution, sondern von Wissenschaft und Technik befreit wurden. Und diese »Befreiung« hat keine Revolution je beschleunigt, sondern sie ist in allen Ländern, die durch eine Revolution gegangen sind, erheblich verlangsamt worden. Hinter der Verketzerung des Konsums steht also die Idealisierung der Produktion und damit die Idolisierung der Produktivität und Kreativität. »Die Freude an der Zerstörung ist eine schöpferische Freude« – wenn man nämlich glaubt, daß die sog. »Arbeitsfreude« produktiv ist; denn Zerstörung ist ungefähr die einzige »Arbeit«, die man noch mit einfachen Werkzeugen, ohne die Zuhilfenahme von Maschinen tun kann, obwohl Maschinen dieses Geschäft natürlich viel gründlicher besorgen.

22 Die Lust am Handeln läßt sich besonders bei kleineren und relativ harmlosen Unternehmungen feststellen. Es gab erfolgreiche Studentenstreiks gegen schlechte Bezahlung der unteren Arbeiter und Angestellten an den Universitäten – sie erhielten weniger als das gesetzliche Minimum. Der Beschluß der Studenten von Berkeley, mitzuhelfen, um ein unbenutztes Universitätsgelände in einen »Volkspark« zu verwandeln, gehört zu diesen Unternehmungen, obwohl dies gerade die bisher brutalste Reaktion der Obrigkeiten hervorgerufen hat. Nach den Vorfällen in Berkeley zu urteilen, scheinen derartige »unpolitische« Aktionen besonders geeignet, die Studentenschaft zu veranlassen, sich einmütig hinter eine radikale Vorhut zu stellen. »Ein Studentenreferendum, das die größte Beteiligung in der Geschichte der Studentenabstimmun-

gen für sich buchen konnte, ergab, daß 85% der fast 15000, die an der Abstimmung teilnahmen, für die Nutzung des Geländes als Volkspark stimmten.« (Siehe Sheldon Wolin und John Schaar, »The Battle of People's Park«. In: *New York Review of Books*, 19. Juni 1969.)

23 So der Physiker Jerome Lettvin vom M.I.T. in *The New York Times Magazine*, 18. Mai 1969.

24 Der ständige Sog, der die Grundlagenforschung von den Universitäten weg und hin zu den Industrie-Laboratorien treibt, ist bekannt und durchaus beunruhigend.

25 Stephen Spender, *Das Jahr der jungen Rebellen*. München 1969, S. 235.

26 Ebenda.

27 Frantz Fanon, a. a. O., S. 80 u. 32.

28 Ebenda, S. 6 ff.

29 Eingekeilt zwischen die beiden Supermächte und von Ost und West gleichermaßen enttäuscht, ist es »kein Wunder, daß [die Studenten] sich einer dritten Ideologie verschrieben, wie sie Mao oder Castro, Fidel anzubieten haben«. (Spender, a. a. O., S. 113). Ihre Rufe nach Mao, Castro, Che Guevara und Ho Tschi Minh klingen wie pseudoreligiöse Beschwörungen, mit denen man nach dem Retter ruft, der aus einer anderen Welt erscheinen möge; sie würden auch nach Tito rufen, wenn Jugoslawien weiter weg und weniger leicht erreichbar wäre. Bei der Black-Power-Bewegung liegt der Fall anders; ihre ideologische Bindung an die nicht-existierende »Einheit der Dritten Welt« ist nicht einfach romantische Gefühlsduselei. Die Neger haben ein offensichtliches Interesse an der Zweiteilung der Welt in Weiß und Schwarz; auch das ist natürlich reiner Eskapismus – die Flucht in eine Traumwelt, in der die Neger eine überwältigende Mehrheit innerhalb der Weltbevölkerung darstellen.

30 Aber haben nicht auch Marx und Lenin, als sie mit dem Rätesystem konfrontiert waren, ihm zugestimmt? Hat Marx nicht die Kommune von 1871 verherrlicht, und proklamierte Lenin nicht »Alle Macht den Sowjets«? Zweifellos, aber für Marx bedeutete die Kommune nicht mehr als ein vorübergehendes Werkzeug der revolutionären Aktion; sie sollte »als Hebel dienen, um die ökonomischen Grundlagen umzustürzen, auf denen der Bestand der Klassen und damit der Klassenherrschaft ruht«; Engels stellte sie zu Recht mit der gleichfalls vorübergehenden »Diktatur des Proletariats« auf eine Stufe. (Siehe Karl Marx, *Der Bürgerkrieg in Frankreich* (1871) und Engels, Einleitung zu der Ausgabe von 1891. Zitiert nach der Ausgabe von 1952, Dietz-Verlag Berlin, S. 76 u. 23.) Der Fall Lenin ist komplizierter. Dennoch war es schließlich Lenin, der die Sowjets entmachtete und alle Macht der Partei gab.

31 So Peter Steinfels in einem Artikel »French Revolution 1968« in der katholischen Wochenschrift *Commonweal* vom 26. Juli 1968.

32 Die ČSSR scheint eine Ausnahme zu sein. Aber hinter der Reformbewegung, für die die Studenten in der vordersten Linie kämpften, stand das ganze Volk ohne Unterschied der Klassen. Eine solche Einmütigkeit paßt natürlich auch nicht in das Marxsche Revolutionsmodell.

33 Vgl. das *Spiegel*-Interview mit Christoph Ehmann in: *Der Spiegel* vom 10. Februar 1969.

34 So Bernd Rabehl in: Bergmann, Dutschke, Lefèvre, Rabehl, *Rebellion der Studenten oder Die neue Opposition.* Reinbek 1968, S. 175 u. 178.

35 Jürgen Habermas, wohl der intelligenteste und einfallsreichste der jüngeren deutschen Soziologen, ist ein gutes Beispiel dafür, wie schwer es diesen Marxisten fällt, sich von irgendeinem Stück der Lehre des Meisters zu trennen. In *Technik und Wissenschaft als »Ideologie«* (Frankfurt 1968) spricht er mehrfach davon, daß gewisse »Schlüsselkategorien der Marxschen Theorien, nämlich Klassenkampf und Ideologie, nicht mehr *umstandslos* angewandt werden können« (S. 84, vom Vf. gesperrt). Ein Vergleich mit dem oben zitierten Aufsatz von Sacharow zeigt, wieviel leichter es offenbar aus der Perspektive der sozialistischen Experimente im Osten ist, sich dieser veralteten Bestandstücke aus der revolutionären Tradition zu entledigen.

36 Ich zitiere aus Pascals *Préface pour le Traité du Vide*, Edition Pléiade, S. 310. So schreibt noch Turgot ganz im gleichen Sinne: »Le genre humain considéré depuis son origine, paraît aux yeux d'un philosophe un tout immense qui lui-même, a, comme chaque individu, son enfance et ses progrès.« (Zitiert nach Georges Sorel, *Les Illusions du Progrès* (1908/10). Paris 1947, S. 51.)

37 Sorel in dem eben erwähnten Buch spricht aus, was dann für das zwanzigste Jahrhundert entscheidend wurde: »La rapidité vertigineuse avec laquelle s'accélerait le progrès était bien de nature à leur faire croire que désormais *tout était possible*, pourvu qu'on suivit les instincts de la nature humaine.« (S. 214; vom Vf. gesperrt.)

38 Für Proudhon, vgl. *Philosophie du Progrès* (1853). Paris 1946, S. 27–30, und *De la Justice* (1858) Paris 1930. I, S. 328. Vgl. auch William H. Harbold, »Progressive Humanity: in the Philosophy of P.-J. Proudhon«. In: *Review of Politics*, Januar 1969.

39 Hier zitiert nach Isaiah Berlins Einführung zu Franco Venturi, *Roots of Revolutions.* New York, 1966.

40 Kant, *Idee zu einer allgemeinen Geschichte in weltbürgerlicher Absicht.* (1784). Dritter Satz.

41 Vgl. die ausgezeichnete Analyse der offensichtlichen Fehlschlüsse dieser Position bei Robert A. Nisbet, »The Year 2000 and All That«. In: *Commentary*, Juni 1968, sowie die gereizten kritischen Bemerkungen in der Septembernummer.

42 Hegel, a. a. O., S. 100 ff.

43 Spender (a. a. O., S. 59) berichtet, daß die französischen Studenten während der Mai-Unruhen in Paris die »Ideologie des Erfolgs und des Fortschritts kategorisch ablehnten«. In Amerika gibt es das, sofern es um den Fortschritt geht, noch nicht. Bei uns redet man immer noch von »progressiven« und »regressiven« Kräften, »progressiver« und »repressiver Toleranz« usw.

44 Die oft grotesken Resultate sind glänzend exemplifiziert in Edmund Wilsons Schrift: *The Fruits of the MLA. A New York Review Book*, 1968. Das Groteskeste, das mir in den letzten Jahren unter die Augen gekommen ist, ist ein neu erschienenes Kant-Lexikon, in dem jedes Wort, das Kant je zu Papier gebracht hat, als Stichwort verzeichnet ist. Das Resultat ist natürlich völlig unbrauchbar.

44a Ein Ansatz hierzu findet sich in dem soeben erschienenen Essay von Giorgio Agamben, *Sui limiti della violenza.* Er behauptet, nahezu alle primitiven Völker kennten eine »violenza sacra«, deren Ritual dazu diene, »den homogenen Fluß der profanen Zeit zu unterbrechen, das Urchaos zu reaktualisieren, um so dem Menschen zu gestatten, die ursprüngliche Dimension der Schöpfung wieder zu erreichen« (S. 11).

45 Georges Sorel, *Über die Gewalt* (*Réflexions sur la Violence*, 1906), dt.: Innsbruck 1928, »Vorwort zur ersten Veröffentlichung«, S. 50.

46 C. Wright Mills, *The Power Elite*. New York, 1956, S. 171; Max Weber in den ersten Abschnitten von *Politik als Beruf*. Berlin 1919, S. 4.

47 Bertrand de Jouvenel, *Du Pouvoir*, Genève 1947, S. 169.

48 Max Weber, a. a. O.

49 Jouvenel, a. a. O., S. 126 u. 153.

50 Robert Strausz-Hupé, *Power and Community*, 1954, S. 4; das Max Weber-Zitat ist diesem Werk entnommen.

51 Carl von Clausewitz, *Vom Kriege*, Kap. 1.

52 Meine Beispiele sind willkürlich gewählt, weil es kaum einen Unterschied macht, welchen Autor man heranzieht. Wie groß die Macht dieser Tradition ist, wird an Rousseaus Versuch, ihr zu entgehen, deutlich. Er hält Ausschau nach einer Staatsform, die nicht durch Herrschaft gekennzeichnet ist, und findet nichts Besseres als »eine Form der Gemeinschaft ..., durch die jeder sich mit allen vereint und dennoch nur sich selbst gehorcht«. Der Nachdruck auf Gehorsam und also auch auf Befehl ist unverändert. Hegel kannte diesen Versuch aus der kantischen Moralphilosophie, in der der Mensch sich selbst das Gesetz des Handelns vorschreibt und also auch nur sich selbst gehorcht. Was er in einer Jugendschrift dagegen zu sagen hatte, scheint mir schlüssig: »Sein eigner Herr und Knecht zu sein, scheint zwar einen Vorzug vor dem Zustande zu haben, worin der Mensch der Knecht eines Fremden ist. Allein das Verhältnis der Freiheit und der Natur, wenn es in der Sittlichkeit ... eine *eigne* Unterdrückung werden soll, wird viel unnatürlicher als das Verhältnis ..., in welchem das Gebietende und Machthabende als ein anderes, außer dem lebendigen Individuum Befindliches erscheint. ... Wenn ... das Gebietende in den Menschen selbst verlegt und in ihm ein Gebietendes und ein Botmäßiges absolut entgegengesetzt ist, so ist die innere Harmonie zerstört. Uneinigkeit und Entzweiung machen das Wesen des Menschen aus.« Siehe: *Differenz des Fichte'schen und Schelling'schen Systems der Philosophie* (1801). Edition Meiner, S. 70.

Nur selten hört man eine Stimme des Widerspruchs. Die gewichtigste unter ihnen ist Alexander Passerin d'Entrèves' bedeutendes Buch *The Notion of the State. An Introduction to Political Theory*, dessen italienische Erstausgabe 1962 erschien. Bei der englischen Version handelt es sich nicht um eine Übersetzung, sondern die definitive Fassung des Autors selbst; sie erschien in Oxford 1967. Vgl. die soeben erschienene Essay-Sammlung des gleichen Autors: *Obbedienza e resistenza in una società democratica*. Edizioni di Comunità, Mailand 1970.

Erwähnenswert ist auch R. M. MacIver, *The Modern State*. London 1926, der immerhin betont: »Daß er über Gewaltmittel verfügt, ist ein Kriterium des Staates, aber darin besteht nicht sein Wesen ... Zwar gibt es keinen Staat ohne überlegene Gewalt ... Aber die Ausübung der Gewalt ergibt noch keinen Staat.« (S. 222 ff.)

53 a. a. O., S. 64, 70, 105.

54 Ebenda, S. 129.

55 John Stuart Mill, *Considerations on Representative Government*, 1861, dt.: *Betrachtungen über Repräsentativverfassung*. Zürich 1862, S. 49, 54.

56 Vgl. für solche Varianten John M. Wallace, *Destiny His Choice: The Loyalism of Andrew Marvell*. Cambridge University Press 1968, S. 88–89. Ich verdanke diesen Hinweis der Freundlichkeit von G. DesJardins.

57 Jouvenel, a. a. O., S. 135.

58 *The Federalist* (1788), Nr. 49.

59 a. a. O., S. 7. Vgl. auch S. 171, wo d'Entrèves die exakte Bedeutung von »Nation« und »Nationalität« diskutiert und mit Recht darauf besteht, daß »die einzigen kompetenten Führer im Dschungel so vieler verschiedener Meinungen die Linguisten und Historiker sind. An sie müssen wir uns um Hilfe wenden«. Und für die Unterscheidung zwischen Autorität und Macht beruft er sich auf Ciceros *potestas in populo, auctoritas in senatu*.

60 Es gibt so etwas wie eine autoritäre Regierung, aber sie hat bestimmt nichts gemein mit Tyrannei, Diktatur oder totalitärer Herrschaft. Zur Untersuchung des historischen Hintergrunds und der politischen Bedeutung des Begriffs vgl. meinen Aufsatz »What is Authority?«. In: *Between Past and Future: Eight Exercises in Political Thought*. New York 1968. Für den historischen Hintergrund des Begriffes, siehe vor allem den I. Teil der sehr instruktiven Arbeit von Karl-Heinrich Lütcke *Auctoritas bei Augustin*. Stuttgart 1968, wo auch die einschlägige Literatur vermerkt ist.

61 Wolin und Schaar – in dem Anm. 22 zitierten Artikel – beschreiben die Situation wie folgt: »Die Regeln werden gebrochen, weil die Autoritäten der Universität, und zwar die Verwaltungsbehörden wie die Fakultäten, die Achtung vieler Studenten verloren haben.« Sie schließen daraus: »Wo Autorität verloren ist, tritt Macht an ihre Stelle.« Auch das ist wahr, wenn auch nicht ganz in dem von ihnen gemeinten Sinn; sie meinen nicht Macht, sondern Gewalt. Was zuerst kam in Berkeley, war die Macht der Studenten, die auf einem Campus schon wegen ihrer überlegenen Zahl offensichtlich die stärkste Potenz darstellen. Um diese Macht zu brechen, griff die Administration zur Gewalt, und gerade weil die Universität eine Institution ist, die ihrem Wesen nach auf Autorität basiert, aber machtmäßig immer unterlegen und auf Achtung angewiesen ist, kann sie sich der Macht der Studenten schwer anders als durch Gewalt erwehren. Der Ruf nach der Polizei unterscheidet sich in nichts von dem, was in der katholischen Kirche gang und gäbe war, bevor die Trennung von Kirche und Staat sie zwang, sich allein auf ihre Autorität zu verlassen. Es ist vielleicht mehr als nur ein seltsamer Zufall, daß die ernsteste Krisis der Kirche als Institution mit der ernstesten Krise der Universität als der einzigen weltlichen Institution, die noch auf Autorität basiert, zusammenfällt. Beide Krisen sind vielleicht wirklich der »fortschreitenden Explosion des für ewigkeitsbeständig gehaltenen Atoms ›Gehorsam‹« zuzuschreiben, wie Heinrich Böll es kürzlich im Hinblick auf die Krisis in den Kirchen formulierte. Siehe »Es wird immer später«. In: *Antwort an Sacharow*. Zürich 1969, S. 89 f.

62 Vgl. *New York Times* vom 4. Januar 1969, S. 1 u. 29.

63 So behauptet Franz Borkenau in einer Betrachtung über die Niederlage im Spanischen Bürgerkrieg: »An diesem ungeheuerlichen Kontrast zu früheren Revolutionen ist eines bemerkenswert: Noch vor kurzem hing die Konterrevolution gewöhnlich von der Unterstützung durch reaktionäre Kräfte ab, die den Revolutionären technisch und intellektuell unterlegen waren. Das ist seit dem Auftreten des Faschismus anders geworden. Seither hat es jede Revolution mit der modernsten, wirkungsvollsten, unbarmherzigsten Maschinerie zu tun, die es je gegeben hat; was bedeutet, daß die Zeit vorüber ist, in der sich Revolutionen ihren eigenen Gesetzen gemäß frei entfalten konnten.« Das wurde vor mehr als dreißig Jahren geschrieben (*The Spanish Cockpit*, 1937; Ann Arbor, 1963, S. 288–289) und wird jetzt zustimmend von Chomsky (a. a. O., S. 310) zitiert; er glaubt, daß das amerikanische und französische Eingreifen in den Bürgerkrieg in Vietnam die Richtigkeit dieser Vorhersage beweist – »man braucht nur ›Faschismus‹ durch ›liberalen Imperialismus‹ zu ersetzen«. Meiner Meinung nach beweist das Beispiel der Kriege in Vietnam eindeutig das Gegenteil.

64 Raymond Aron, *La Révolution Introuvable*. Paris 1968, S. 41.

65 Stephen Spender (a. a. O., S. 72) ist anderer Meinung: »Der Frühling enthüllte, was in überwiegendem Maße vorhanden war: nicht die Revolution, sondern an ihrer Stelle die nichtrevolutionäre Situation.« Man mag sich, »wenn alle Leute mit freundlichen Mienen herumlaufen«, schwer vorstellen können, daß gerade eine Revolution stattfindet oder stattfinden könnte, aber so sieht der Beginn einer Revolution – während der ersten großen Verbrüderungsekstase – häufig aus.

66 Eine solche überlegene Machtorganisation war im alten Griechenland die Polis, deren Hauptvorzug nach Xenophon war, daß sie den Bürgern ermöglichte, »einer des anderen Leibwächter gegen Sklaven und Verbrecher zu sein, so daß keiner der Bürger eines gewaltsamen Todes zu sterben brauchte«. (Xenophon, Hiero IV, 3)

67 Henry Steele Commager, »Can We Limit Presidential Power?«. In: *The New Republic*, 6. April 1968.

68 Für Konrad Lorenz siehe *Über tierisches und menschliches Verhalten. Gesammelte Abhandlungen*, Band I. München 1965, S. 9; für Joseph Alsop siehe die heute noch sehr lesenswerte Buchbesprechung u. a. der amerikanischen Ausgabe von Konrad Lorenz' *Das sogenannte Böse. Zur Naturgeschichte der Aggression* (Wien 1963), die 1966 unter dem Titel *The Way of an Aggressor* erschien. Die Besprechung in: *The New Yorker*, 10. September 1966.

69 Lorenz, *Das sogenannte Böse*, S. 357 u. 402.

70 Nikolaus Tinbergen, »On War and Peace in Animals and Man«. In: *Science*, 28. Juni 1968, Sp. 1411.

71 Adolf Portmann, *Das Tier als soziales Wesen*. Zürich 1953, S. 237–238.

72 Erich von Holst, *Zur Verhaltensphysiologie bei Tieren und Menschen, Gesammelte Abhandlungen*, Band I, München 1969, S. 239.

73 Lorenz, a. a. O., S. 134.

74 Der Absurdität dieses Schlusses sucht man durch die Unterscheidung zwischen endogenen, spontanen Instinkten, z. B. dem Aggressionstrieb, und reaktiven Trieben, z. B.

Hunger, zu entgehen. Aber es hat keinen Sinn, in einer Diskussion über angeborene Impulse zwischen Spontaneität und Reaktivität zu unterscheiden. In der Natur gibt es streng genommen gar keine Spontaneität, und in Instinkten und Trieben manifestiert sich lediglich die Art und Weise, in der alle lebendigen Organismen einschließlich des Menschen in den Haushalt der Natur eingeordnet und ihm adaptiert sind.

75 Den hypothetischen Charakter von Konrad Lorenz' *Das sogenannte Böse* erhellt eine interessante Sammlung von Aufsätzen über Aggression und Adaption, die Alexander Mitscherlich unter dem Titel *Bis hierher und nicht weiter. Ist die menschliche Aggression unbefriedbar?* (München 1968) herausgegeben hat.

76 von Holst, a. a. O., S. 283. – Ganz ähnlich spricht Lorenz (a. a. O., S. 358) von der dem begrifflichen Denken verdankten Kulturentwicklung des Menschen: diese »bewirkte in seinen Lebensbedingungen so schnelle und umwälzende Änderungen, daß die Anpassungsfähigkeit seiner Instinkte an ihnen scheiterte«.

77 Weittragende Waffen, die den Polemologen zufolge (vgl. Tinbergen a. a. O.) die Aggressionstriebe des Menschen bis zu einem Punkte freigesetzt haben, wo die schützenden Kontrollvorrichtungen der Gattung nicht mehr funktionieren, betrachtet Otto Klineberg (»Fears of a Psychologist«. In: Calder, a. a. O., S. 208) eher als Anzeichen dafür, »daß personale Aggressivität als Kriegsmotiv keine Rolle spielt«. Soldaten, möchte man den Verhaltenspsychologen zu bedenken geben, sind keine Killer, und Mörder – aggressive Persönlichkeiten in ihrer Sprache – sind vermutlich nicht einmal gute Soldaten.

78 Siehe Noam Chomsky, a. a. O., S. 371, der die »Fassade der Härte und pseudowissenschaftlicher Objektivität«, hinter der sich nichts als geistige Leere verbirgt, entlarvt.

79 Spender schildert diese Stimmung ausführlich, a. a. O., S. 112 f., und weist auch auf ihre Gefahren hin, daß nämlich der Provokateur Angreifer und Opfer in einem ist. Auf andere Gefahren des Krieges gegen die Heuchelei bin ich in dem Buch *Über die Revolution*, München 1965, S. 125–139, etwas ausführlicher eingegangen.

80 a. a. O., S. 14.

81 J. Glenn Gray, *The Warriors* (1959), das demnächst in Deutschland erscheint, ist in diesem Punkte sehr aufschluß- und lehrreich. Jeder, der sich für die Praxis der Gewalt interessiert, sollte es lesen.

82 a. a. O., S. 44 u. 51.

83 Der Spuk vom »neuen Menschen« geht vielfach durch die Rhetorik der Studentenbewegung. Siehe vor allem auch Rudi Dutschke in *Rebellion der Studenten*, a. a. O., S. 76 u. 77: Aktionen sind politisch, weil sie uns »innerlich verändern«, sie sind ein »Erziehungsprozeß«, in welchem »die Herausbildung des neuen Menschen« stattfindet. Das ist der alte utopische Unsinn. Aktionen sind politisch, wenn sie die Welt verändern; alle Vorstellungen von der »Herausbildung des neuen Menschen« enden notwendigerweise in der Gewaltherrschaft, bzw. in einer Entmenschlichung des Menschen.

84 Sorel, a. a. O., S. 346, 223, 226 u. 103.

85 Siehe auch Gottfried Salomons Vorwort zu der deutschen Ausgabe von Sorel.

86 Sorel, a. a. O., S. 35.

87 »Die Produzentenmoral« lautet der Titel des letzten Kapitels von Sorels Buch. Im übrigen siehe S. 275 u. 272.

88 Ebenda, S. 154 u. 160.

89 Siehe vor allem S. 310, 291 u. 93.

90 Ebenda, Anhang 2: »Apologie der Gewalt«, S. 348.

91 Zitiert nach S. E. Finers instruktivem Essay »Pareto and Pluto-Democracy: The Retreat to Galapagos«. In: *The American Poltical Science Review*, Juni 1968.

92 Siehe Bells »Notes on the Post-Industrial Society«. In: *The Public Interest*, Nr. 6, 1967.

93 Jouvenel, a. a. O., S. 159 u. 171.

94 Ebenda, S. 187 u. 188.

95 Fanon, a. a. O., S. 53.

96 Robert M. Fogelson, »Violence as Protest«. In: *Urban Riots: Violence and Social Change. Proceedings of the Academy of Political Science*, Columbia University 1968.

97 Ebenda.

98 Ebenda. Vgl. auch den ausgezeichneten Artikel »Official Interpretation of Racial Riots« von Allan A. Silver in der gleichen Sammlung.

99 Siehe *Der Spiegel* vom 23. Juni 1968. – Es ist eine wichtige Frage, und sie stellt sich so oder anders in allen betroffenen Ländern. Eine allgemeingültige Antwort auf sie gibt es nicht. Denn die Rebellion der Studenten ist zwar ein weltweites Phänomen, aber die Universitätssysteme sind keineswegs einheitlich; sie variieren nicht nur von Land zu Land, sondern oft auch von Institution zu Institution. Mögliche Lösungen der Konflikte und Reformen werden von den örtlichen Gegebenheiten auszugehen haben.

100 Über den Zusammenhang zwischen Gewalttätigkeit und Reform einerseits, die Gefahren gewalttätigen Handelns, das nicht sehr schnell zum Ziel führt, andererseits, hat Günter Grass sich anläßlich des 1. Mai 1968 unter dem Titel »Gewalttätigkeit ist wieder gesellschaftsfähig« wie folgt geäußert: »Entweder veranlaßt [der Protest der Jugend] längst überfällige Reformen … oder es passiert wie bisher nichts; dann wird die nun offenbare Unsicherheit falschen Propheten einträgliche Märkte und Gratiswerbung frei Haus bieten.« (Siehe *Der Spiegel* vom 6. Mai 1968.)

101 Pareto zitiert nach Finer, a. a. O.

102 Vgl. Günter Grass – Pavel Kohout, *Briefe über die Grenze*. Hamburg 1968, S. 88 u. 90; und Andrej D. Sacharow, a. a. O., S. 54.

103 Herbert J. Gans, »The Ghetto Rebellions and Urban Class Conflict«. In: *Urban Riots*, a. a. O.

104 Vgl. den Anm. 67 erwähnten wichtigen Artikel von Henry Steele Commager. Ob es dem Senat gelingen wird, die von der Verfassung gesetzten Grenzen der Exekutive wiederherzustellen, ist noch nicht abzusehen.

Register

Bibliographie

Agamben, Giorgio, *Sui limiti della violenza,* Rom 1970.

Arendt, Hannah, »What is Authority?«, *Between Past and Future: Eight Exercises in Political Thought*, New York 1968.

Arendt, Hannah, *Über die Revolution*, München 1965.

Aron, Raymond, *La Révolution Introuvable*, Paris 1968.

Barion, Jakob, *Hegel und die marxistische Staatslehre*, Bonn 1663.

Beaufre, André, »Battlefields of the 1980s«, in: Nigel Calder, *Unless Peace Comes*, New York 1968 (dt. Ausgabe: *Eskalation der neuen Waffen,* München, Wien und Basel 1969).

Bell, Daniel, »Notes on the Post-Industrial Society«, in: *The Public Interest*, Nr. 6, 1967.

Berlin, Isaiah »Einführung«, in: Franco Venturi, *Root of Revolutions*, New York 1966.

Böll, Heinrich, *Antwort an Sacharow*, Zürich 1969.

Borkenau, Franz, *The Spanish Cockpit*, Ann Arbor, 1937.

Brzeziński, Zbigniew, »America in the Technetronic Age«, in *Encounter*, Januar 1968.

Calder, Nigel, »The New Weapons«, in: Nigel Calder, *Unless Peace Comes*, New York 1968 (dt. Ausgabe: *Eskalation der neuen Waffen,* München, Wien und Basel 1969).

Chomsky, Noam, *American Power and the New Mandarins*, New York 1969 (dt. Ausgabe: *Amerika und die neuen Mandarine*, Frankfurt a. M. 1969).

Clausewitz, Carl von, *Vom Kriege. Hinterlassenes Werk des Generals Carl von Clausewitz. Erläutert durch W. von Scherff,* Dresden 1901.

Dedijer, Vladimir, »The Poor Man's Power«, in: Nigel Calder, *Unless Peace Comes*, New York 1968 (dt. Ausgabe: *Eskalation der neuen Waffen,* München, Wien und Basel 1969).

Deming, Barbara, »Revolution: Violent and Nonviolent«, in: *Liberation*, Februar 1968.

Engels, Friedrich, *Herrn Eugen Dührings Umwälzung der Wissenschaft*, Leipzig 1878.

Engels, Friedrich, »Einleitung«, in: Karl Marx', *Der Bürgerkrieg in Frankreich*, Berlin 1952.

Fanon, Frantz, *Les Damnés de la Terre*, Paris 1961 (dt. Ausgabe: *Die Verdammten dieser Erde*, Frankfurt 1966).

Finer, Samuel Edward, »Pareto and Pluto-Democracy: The Retreat to Galapagos«, in: *The American Poltical Science Review*, Juni 1968.

Fogelson, Robert M., »Violence as Protest«, in: *Urban Riots: Violence and Social Change. Proceedings of the Academy of Political Science*, New York 1968.

Gans, Herbert J., »The Ghetto Rebellions and Urban Class Conflict«, in: *Urban Riots: Violence and Social Change. Proceedings of the Academy of Political Science*, New York 1968.

Grass, Günter, »Gewalttätigkeit ist wieder gesellschaftsfähig«, in: *Der Spiegel*, 6. Mai 1968.

Grass, Günter und Kohout, Pavel, *Briefe über die Grenze*, Hamburg 1968.

Gray, Jesse Glenn, *The Warriors*, New York 1959.

Habermas, Jürgen, *Technik und Wissenschaft als »Ideologie«*, Frankfurt 1968.

Harbold, William H., »Progressive Humanity: in the Philosophy of P.-J. Proudhon«, in: *Review of Politics*, Januar 1969.

Hegel, Georg Wilhelm Friedrich, *Differenz des Fichte'schen und Schelling'schen Systems der Philosophie*, Hamburg 1962.

Hegel, Georg Wilhelm Friedrich, »Vorlesungen über die Geschichte der Philosophie«, in: *Georg Wilhelm Friedrich Hegel: Sämtliche Werke*, hrsg. v. Johannes Hoffmeister, Leipzig 1940.

Holst, Erich von, *Zur Verhaltensphysiologie bei Tieren und Menschen, Gesammelte Abhandlungen*, München 1969.

Hoover, J. Edgar, *Uniform Crime Report for the United States*, Washington D.C. 1968.

Jouvenel, Bertrand de, *Du Pouvoir*, Genf 1947.

Kant, Immanuel, *Idee zu einer allgemeinen Geschichte in weltbürgerlicher Absicht*, Berlin 1784.

Klineberg, Otto, »Fears of a Psychologist«, in: Nigel Calder, *Unless Peace Comes*, New York 1968 (dt. Ausgabe: *Eskalation der neuen Waffen*, München, Wien und Basel 1969).

Lorenz, Konrad, *On Aggression*, New York 1966 (dt. Ausgabe: *Das sogenannte Böse. Zur Naturgeschichte der Aggression*, Wien 1963).
Lorenz, Konrad, *Über tierisches und menschliches Verhalten. Gesammelte Abhandlungen*, München, 1965.
Lütcke, Karl-Heinrich, *Auctoritas bei Augustin*, Stuttgart 1968.
MacIver, Robert Morrison, *The Modern State*, London 1926.
Marx, Karl, *Der Bürgerkrieg in Frankreich*, Leipzig 1872.
Marx, Karl und Engels, Friedrich, *Die Deutsche Ideologie*, Berlin 1932.
Mill, John Stuart, *Considerations on Representative Government*, London 1861 (dt. Ausgabe: *Betrachtung über Repräsentativverfassung*, Zürich 1862).
Mills, Charles Wright, *The Power Elite*, New York 1956.
Mitscherlich, Alexander, *Bis hierher und nicht weiter. Ist die menschliche Aggression unbefriedbar?*, München 1968.
Nisbet, Robert A., »The Year 2000 and All That«, in: *Commentary*, Juni 1968.
Pascal, Blaise, *Préface pour le Traité du Vide*, 1651.
Passerin d'Entrèves, Alexander, *Obbedienza e resistenza in una società democratica*, Mailand 1970.
Passerin d'Entrèves, Alexander, *The Notion of the State. An Introduction to Political Theory*, Oxford 1967.
Portmann, Adolf, *Das Tier als soziales Wesen*, Zürich 1953.
Portmann, Adolf, *Manipulation des Menschen als Schicksal und Bedrohung*, Zürich 1969.
Proudhon, Pierre-Joseph, *De la Justice*, Paris 1930.
Proudhon, Pierre-Joseph, *Philosophie du Progrès*, Paris 1946.
Rabehl, Bernd, in: Uwe Bergmann, Rudi Dutschke, Wolfgang Lefèvre, Bernd Rabehl, *Rebellion der Studenten oder die neue Opposition*, Reinbek 1968.
Report from Iron Mountain, New York 1967 (dt. Ausgabe: *Verdammter Friede*, München 1968).
Sacharow, Andrej D., *Wie ich mir die Zukunft vorstelle*, Zürich 1968.
Sartre, Jean-Paul, »Question de Méthode«, *Critique de la raison dialectique*, Paris 1960.
Schelsky, Helmut, *Der Mensch in der wissenschaftlichen Zivilisation*, Köln und Opladen 1961.
Silver, Alan A., »Official Interpretation of Racial Riots«, in: *Urban Riots: Violence and Social Change. Proceedings of the Academy of Political Science*, New York 1968.

Sorel Georges, *Les Illusions du Progrès*, Paris 1947.
Sorel, Georges, *Réflexions sur la Violence,* Paris 1908 (dt. Ausgabe: *Über die Gewalt,* mit einem Vorwort von Gottfried Salomon, Innsbruck 1928).
Spender, Stephen, *Das Jahr der jungen Rebellen*, München 1969.
Steele-Commager, Henry, »Can We Limit Presidential Power?«, in: *The New Republic*, 6. April 1968.
Steinfels, Peter, »French Revolution 1968«, in: *Commonweal*, 26. Juli 1969.
Strausz-Hupé, Robert, *Power and Community*, New York 1956.
Thring, Meredith Wooldridge, »Robots on the March«, in: Nigel Calder, *Unless Peace Comes*, New York 1968 (dt. Ausgabe: *Eskalation der neuen Waffen*, München, Wien und Basel 1969).
Tinbergen, Nikolaus, »On War and Peace in Animals and Man«, in: *Science*, 28. Juni 1968.
Venturi, Franco, *Roots of Revolution*, New York, 1966.
Wallace, John M., *Destiny His Choice: The Loyalism of Andrew Marvell*, Cambridge 1968.
Weber, Max, *Politik als Beruf*, Berlin 1919.
Wheeler, Harvey, »The Strategic Calculators«, in: Nigel Calder, *Unless Peace Comes*, New York 1968 (dt. Ausgabe: *Eskalation der neuen Waffen,* München, Wien und Basel 1969).
Wilson, Edmund, *The Fruits oft he MLA. A New York Review Book*, New York 1968.
Wolin, Sheldon und Schaar, John, »The Battle of People's Park«, in: *New York Review of Books*, 19. Juni 1969.

Hannah Arendt und die Frage nach der Geschichte – Nachwort

von Christine Blättler

Geschichte als politische Ereignisgeschichte wird anhand von Jahreszahlen erzählt, die sich vordringlich an Kriegen orientieren. Und wer würde bezweifeln, dass es sich bei Kriegen um gewaltvolle Ereignisse handelt, die sich markant ins kollektive Gedächtnis einschreiben?

Krieg als ein durch Gewalt gekennzeichnetes Phänomen motivierte offensichtlich die 1970 publizierte Studie *Macht und Gewalt* von Arendt, wobei der Vietnamkrieg den historischen Kontext der Entstehung dieses Textes bildet.

Ereignisgeschichte macht sich genauso an Revolutionen fest, die ebenfalls von Gewaltakten geprägt sind. Arendt publizierte 1963 auf Englisch und 1965 auf Deutsch ihr Buch *Über die Revolution*, das sich auch mit der in revolutionären Prozessen auftretenden Gewalt befasst und dessen Einleitung bezeichnenderweise mit »Krieg und Revolution« überschrieben ist. Doch schon in den unter dem Titel *Was ist Politik?* veröffentlichten Fragmenten aus dem Nachlass, die aus den Jahren 1950–1959 stammen, spielt die Kriegsfrage eine wichtige Rolle. Zum einen widmet sie dieser Frage ausdrücklich das umfangreiche zweite Kapitel der geplanten »Einführung in die Politik II« (P 80–123) und kündigt in einem Brief vom April 1959 an ihren Verleger Klaus Piper an, dass sie dem Thema »Krieg und Revolution. Die Rolle der Gewalt in der Politik« einen ganzen, ersten Band ihrer »Einführung« einräume

(P 197–200, 198). Zum anderen zeichnet sich hier programmatisch die später weiter verfolgte Unterscheidung von Macht und Gewalt als »neues Paradigma«[1] ab, indem Arendt behauptet: »Sie [d.i. Kriege und Revolutionen; CB] stehen unter dem Zeichen der Gewalt und nicht, wie die Politik, unter dem Zeichen der Macht« (P 198).

Das Problem der Gewalt, und namentlich derjenigen, wie sie im Krieg erfahren wird, beschäftigte Arendt also schon viele Jahre vor *Macht und Gewalt*, und zunehmend wandte sie sich der Frage zu, ob und wie sich Gewalt und Macht gerade am Beispiel von Revolutionen, aber auch an den Revolten der Studierenden zur Zeit der Abfassung dieser Schrift, unterscheiden lassen. Das Nachwort hier macht es sich nicht zum Ziel, mit Definitionen von Macht und Gewalt zu beginnen und davon ausgehend gleichsam deduktiv dieses Buch zu erschließen. Stattdessen wird im Folgenden danach gefragt, wie Arendt überhaupt zur Unterscheidung von Macht und Gewalt in konzeptueller Hinsicht und in ihrer jeweiligen Charakterisierung gelangt, und versucht, die Wege ihrer markanten Begriffsbildung im politischen und theoretischen Kontext nachzuvollziehen. Arendts Denkwege erweisen sich als ebenso phänomenologisch geschult wie erfahrungsgesättigt und zeugen von großer Kenntnis der politisch-theoretischen Literatur wie politisch wacher Zeitgenossenschaft.

Die folgenden Ausführungen arbeiten die von Arendt aufgeworfenen philosophischen Problemstellungen im Kontext ihrer Werke heraus und stellen Bezüge zwischen diesem Buch von Arendt und heutigen Debatten her. Dabei wird jeweils, auch vor dem Hintergrund gegenwärtiger Kriege und Revolten, ein doppelter »Zeitkern«[2] relevant, wie ihn Walter Benjamin »im Erkannten und Erkennenden zugleich« ausmachte.

1. Krieg: Erfahrung und Rechtfertigung von Gewalt

In dem oben angeführten Brief an Klaus Piper kündigt Arendt ihrem Verleger nicht nur an, dass sie ihr geplantes Buch »Einleitung in die Politik« (P 197) »mit einem ausführlichen Kapitel über die Kriegsfrage beginne«, und zwar dahingehend, »was der Krieg für die Politik überhaupt besagt« (P 197). Sie liefert auch eine Begründung für diesen Anfang: »Wir leben in einem Jahrhundert der Kriege und Revolutionen, und eine Einführung in die Politik kann nicht gut mit etwas anderem beginnen als mit dem, wodurch wir als Zeitgenossen unmittelbar zur Politik kommen.« Als Einführung in die »Einleitung« war dies von ihr »ursprünglich« geplant, »weil m. E. Kriege und Revolutionen außerhalb des politischen Bereiches im eigentlichen Sinne stehen«. Es zeichnete sich jedoch für Arendt ab, dass »Krieg und Revolution: Die Rolle der Gewalt in der Politik« ein ganzes Buch ergeben würde, weshalb sie ihrem Verleger vorschlug, das Vorhaben in zwei Bänden zu veröffentlichen. Dieses Buchprojekt wurde jedoch nicht realisiert. Die in *Was ist Politik?* veröffentlichten Fragmente erlauben jedoch, »den Suchbemühungen der Autorin«[3] zuschauen zu können und damit Einblicke in später von ihr publizierte Werke zu erhalten, wie *Über die Revolution* und *Macht und Gewalt.*

Was ist Politik? dokumentiert ein Nachdenken über Krieg, das zehn Jahre nach dem Ende des Zweiten Weltkriegs und zeitgleich mit der Veröffentlichung der deutschen Ausgabe von *Elemente und Ursprünge totaler Herrschaft* (1955) einsetzt und die Gegenwart Arendts mit den ersten Jahren des Kalten Kriegs und seiner atomaren Bedrohung berücksichtigt. Für Arendt sind es nicht funktionierende parlamentarische Regierungen und demokratische Parteiformationen, die die »politischen Grunderfahrungen« (P 124) des 20. Jahrhunderts ausmachen, sondern Kriege und Revolutionen, die beide »im Zeichen der Gewalt stehen« (ebd.).

Es sind diese Erfahrungen, so Arendt, die nahelegen, politisches Handeln als per se gewalttätig aufzufassen. Dieser Gleichsetzung des politischen Denkens mit der gewaltvollen real existierenden Politik tritt sie mit ihrem Begriff des Politischen[4] immer wieder entgegen.

Eine Politik der Kriege bringe »Unheil« (P 123) über die einzelnen Menschen wie die ganze Menschheit, für das es weder Rechtfertigung noch Trost gebe. So stellt sie sich auch gegen die Rede Ernst Jüngers von »Stahlgewittern«, die keineswegs die politische Luft reinigen würden, sondern als »ungeheure Katastrophen« (P 124) »die Welt in eine Wüste und die Erde in leblose Materie verwandeln können« (ebd.). Am Krieg sieht sie die »Rolle der Gewalt in dem zwischenstaatlichen Verkehr der Völker« (P 73) besonders deutlich werden und sich im »Phänomen des Übermächtig-Werdens der Gewalt auf Kosten aller anderen politischen Faktoren« durchsetzen. Der Kalte Krieg macht ihr dabei das »Primat der Außenpolitik« (P 133) neu und aktuell deutlich. Der Vernichtungsaspekt eines »totale[n] Krieg[es]« (P 80), gesteigert durch die potenzielle Zerstörungsgewalt der Atombombe in einem »dritte[n] Weltkrieg« (P 86), wird Arendt zum Einsatzpunkt gegen das berühmte Diktum von Carl von Clausewitz, der den Krieg als »eine bloße Fortsetzung der Politik mit andern Mitteln«[5] definierte: »Erst in diesem Stadium, wo der Krieg nicht mehr die Koexistenz der feindlichen Parteien als gegeben voraussetzt und nur die zwischen ihnen entstandenen Konflikte auf gewaltsame Weise beilegen will, hat der Krieg wirklich aufgehört, ein Mittel der Politik zu sein, und beginnt als Vernichtungskrieg die dem Politischen gesetzten Grenzen zu durchbrechen und damit es selbst zu vernichten.« (P 87) Einen derartigen Vernichtungskrieg bezeichnet sie als »Todsünde [...] des Politischen« (P 89): Wenn »ein Volk seine staatliche Freiheit verliert, verliert es seine politische Realität, auch wenn es ihm gelingen sollte, physisch zu überleben. Was hier mit zugrunde geht, ist eine nicht durch Herstellen, sondern durch Handeln und Sprechen entstandene Welt menschlicher Bezüge, die an sich nie an ein Ende kommt« (P 89), etwas, das trotz Zerstörung der hergestellten Welt diese überleben kann, wie Arendt hier auch mit einem Hinweis auf das jüdische Volk anmerkt. Sie beobachtet geradezu eine fatale Verkehrung der Clausewitz'schen Definition, insofern »Politik überhaupt zu einer Fortsetzung des Krieges wird« (P 133).

Arendts *Über die Revolution* kündigt zwar mit dem ersten Satz des ersten Kapitels klar an: »In unserem Zusammenhang muß die Kriegsfrage außer Betracht bleiben.« (R 27) Ihre weiteren Ausführungen begründen diese Forderung insofern, als sie über Revolution als Phänomen nachdenkt, das nicht nach Zerstörung, sondern nach Emanzipation strebt, sich an einem Begriff von Freiheit orientiert und einen politischen Neuanfang verspricht. Gleichwohl beginnt das Buch nicht nur mit einer »Krieg und Revolution« genannten Einleitung, sondern ausdrücklich mit der »Debatte über die Kriegsfrage, d. h. über die Berechtigung der Gewalt in der Politik«. Sowohl in der Kriegspropaganda als auch in der politischen Theorie wird diese Frage als eine Frage der Rechtfertigung des Krieges thematisiert. Wenn die Kriegsgewalt überhaupt der Rechtfertigung bedarf, wird – so Arendt – offenbar vorausgesetzt, »daß politische Beziehungen normalerweise nicht im Zeichen der Gewalt stehen« (R 14). Von dieser »Überzeugung von der wesentlichen Gewaltlosigkeit der Politik« gelangt sie zum Politikverständnis der griechischen Polis, das »nicht auf der Gewalt, sondern auf dem gegenseitigen Sich-Überzeugen« (R 14) beruhe und entsprechend Konflikte nicht mit Gewalt, sondern mit Argumenten austrage. Diese Referenz wird bei Arendt zum politischen Modell und ist insofern entscheidend, als sich dieses griechische Verständnis nur auf den Bereich der Polis bezieht, also innerhalb der Stadtmauern verbleibt, und auf dasjenige beschränkt bleibt, was heute Innenpolitik heißt. Dem gegenüber steht derjenige Bereich, der heute unter internationale Beziehungen und Außenpolitik fällt. Bekanntlich haben die Griechen im Altertum nicht nur viele Kriege geführt, diese Gewalt bedurfte offenbar, wie Arendt hervorhebt, auch keiner Rechtfertigung, da das außerhalb der Stadtmauern Liegende auch als »außerhalb des Bereichs des Politischen im griechischen Sinne« (R 15) galt. Während diese historische Referenz Arendt dazu dient, ein Verständnis des Politischen zu entwickeln, das weder primär oder sogar ausschließlich durch Gewalt und Außenpolitik bestimmt ist, erlaubt es ihr, Einspruch gegen ein Verständnis von Krieg als Verlängerung der Politik mit anderen Mitteln zu erheben und historische Unterschiede in der Rechtfertigung eines Krieges zu bedenken. So weist sie auf den in der römischen Antike aufgetretenen Unterschied zwischen gerechten und ungerechten Kriegen hin (vgl. R 15), aber auch darauf, dass erst seit dem Ersten Weltkrieg ein Angriffskrieg für ein »Verbrechen« (ebd.) gehalten werde, während Kriege nur als Verteidigungskriege wie Präventionskriege »gerechtfertigt werden können« (R 16). Dabei werde Kriegsgewalt erst durch die theoretische Rechtfertigung, nicht durch deren Verabsolutierung, ein »eigentlich politisches Phänomen« (R 25). Arendt bestreitet keineswegs, dass Gewaltanwendung in der Selbstverteidigung berechtigt sei (MG 64). So trat sie für eine jüdische Armee gegen das nationalsozialistische Deutschland ein (vgl. AM); und sie weist auf das Problem moderner Staaten hin, in denen die Armee ihre ursprüngliche Funktion, die Zivilbevölkerung zu schützen und zu verteidigen, nicht mehr erfülle (R 18); sie postulierte also keinen bedingungslosen Pazifismus.

Auch in *Macht und Gewalt* steigt Arendt gleich auf der ersten Seite mit dem Krieg ein. Während der Kalte Krieg zwischen den Supermächten USA und UdSSR weiterhin durch Wettrüsten zur gegenseitigen Abschreckung gekennzeichnet war, dauerte 1970 der Vietnamkrieg als heißer Stellvertreterkrieg bereits 15 Jahre und hatte in der US-amerikanischen Öffentlichkeit zu heftigen Reaktionen geführt. Dieser Kontext bestimmt Arendts Überlegungen in mehrfacher Hinsicht. So sieht sie das Verhältnis von einer an der antiken Polis gemessenen Politik und dem zeitgenössischen Krieg geradezu umgekehrt, wenn der (Kalte) Krieg für Friedenspolitik gehalten werde (vgl. MG 26). Auch in *Macht und Gewalt* positioniert sie sich gegen Clausewitz und seine Definition vom Krieg als Fortführung der Politik mit anderen Mitteln (ebd.). Dabei stellt sie grundlegend den geltenden Staatsbegriff infrage, der Freiheit von Fremdherrschaft, nationale Unabhängigkeit, Staatssouveränität und unkontrollierte Macht in außenpolitischen Angelegenheiten gleichsetze: Ein derartiger Staatsbegriff könne »eine theoretische Lösung des Kriegsproblems« (MG 21) nicht einmal vorstellen. Wenn souverän ist, wer die Bombe hat, und ein Atomkrieg alle Menschen töten würde, greift für Arendt ein Verständnis von staatlicher Souveränität, das zwischenstaatliche Konflikte in letzter Instanz durch Krieg entscheidet, nicht mehr. Arendt folgert auf konzeptueller Ebene, dass damit Krieg zwischen Großmächten »unmöglich geworden« (IAR 130) sei und sich nur noch »kleine Völker« ohne Atomwaffen Kriege leisten könnten.

Das vorherrschende Staatsverständnis, das Arendt ausmacht, spielt eine entscheidende Rolle, wenn es um die von ihr monierte einhellige Gleichsetzung von Macht und Gewalt geht. Zu Beginn des zweiten Kapitels von *Macht und Gewalt* zitiert sie exemplarisch Max Webers Definition des Staates, wobei dieser sich ausdrücklich auf Leo Trotzki bezieht: »Staat ist diejenige menschliche Gemeinschaft, welche innerhalb eines bestimmten Gebietes [...] das *Monopol legitimer physischer Gewaltsamkeit* für sich [mit Erfolg] beansprucht«[6], nämlich »ein auf das Mittel der legitimen (das heißt: als legitim angesehenen) Gewaltsamkeit gestütztes *Herrschafts*verhältnis von Menschen über Menschen« (MG 47). Arendt hält es für problematisch, politische Macht mit organisierter Staatsgewalt gleichzusetzen, da der Staat dadurch, und hier bezieht sie sich auf Marx, als ein »Instrument der Unterdrückung in der Hand der herrschenden Klasse« (MG 48) bestimmt werde. Die verschiedenen Staatsformen seit der Antike, wie Monarchie, Oligarchie, Aristokratie, Demokratie und die von ihr als »jüngste und vielleicht furchtbarste Herrschaftsform« (MG 50) bezeichnete Bürokratie, würden dann alle darin übereinstimmen, »Herrschaftsformen von Menschen über Menschen« (ebd.) zu sein. Dem Umstand, dass zur Macht eines Staates in Außen- wie Innenpolitik Gewaltanwendung als Handlungsoption gehört, begegnet Arendt zunächst damit, dass sie die Staatsmacht als lediglich »speziellen Fall von Macht« (MG 59) beschreibt und darlegt, wie ein Staat, selbst ein totalitäres Regime, sich nicht ausschließlich auf Gewaltmittel stützen könne, sondern einer »Machtbasis« (MG 62) durch organisierte Menschen bedarf, wie Geheimpolizei, Spitzel und andere, denn: »Macht gehört in der Tat zum Wesen aller staatlichen Gemeinwesen, ja aller irgendwie organisierten Gruppen, Gewalt jedoch nicht.« (MG 63) Nur »die Unterstützung des Volkes, die wiederum nur die Fortsetzung jenes ursprünglichen Konsenses ist, welcher Institutionen und Gesetze ins Leben gerufen hat« (MG 53), verleihe Institutionen und Gesetzen eines Landes Macht. In diesem Sinne, wie »in allen republikanisch regierten Ländern, liegt die Macht beim Volk« (IAR 126), insofern »das Volk gewisse Leute ermächtigt, in seinem Namen zu handeln«. Machtverlust heißt demnach, »daß das Volk seinen Konsens zu dem, was die Machthaber, nämlich die Ermächtigten tun, entzieht« (ebd.). Als »einzige Alternative« (IAR 131) zum bestehenden Staatsverständnis zieht Arendt das Rätesystem als neue Staatsform in Erwägung, wiewohl die bisherigen Versuche einschließlich der Sowjetunion, die mit den Sowjets die Räte im Namen trug, aus unterschiedlichen Gründen gescheitert sind.

2. Gewalt der Technik und Technik der Gewalt

In *Was ist Politik?* thematisiert Arendt das Gewaltmonopol eines Staates zusammen mit den Gewaltmitteln, über die ein Staat verfügt und die mit der atomaren Aufrüstung eine neue Dimension erreicht haben. Indem zwar das Ziel des Kalten Krieges darin erklärt werde, Gewalt zu verringern, beobachtet Arendt gleichwohl einen Konflikt zwischen dem Ziel des Friedens und »den Zwecken, für welche die Mittel der Gewalt mobilisiert« (P 132) werden, wie beim Ziel der Welteroberung eines heißen Kriegs. Nachgerade zu einer »Umkehr des Zweck-Mittel-Verhältnisses« komme es, wenn die Staatsgewalt ihre Machtbasis in der Bevölkerung verliere: »nun sind es die Mittel, die Werkzeuge der Vernichtung, die die Zwecke bestimmen« (P 56). Das »Wesen des Zweckes« (P 132) macht Arendt darin aus, »alles, was ihm dient, zu Mitteln zu degradieren, und alles, was ihm nicht dient, als nutzlos zu verwerfen«, wobei alles gewalttätige Handeln im Sinne der Zweck-Mittel-Kategorie« (ebd.) erfolge. In der philosophischen Tradition ist es Technik, die über die Begriffe von Mittel und Zweck und ihrer Verbindung zueinander verhandelt wird, und insofern erstaunt es nicht, dass es der technische Aspekt von Gewalt ist, der bei Arendt im Zentrum steht. So geht es zum einen um die »technische Entwicklung der Gewalt*mittel*« (MG 19), die mit den Atomwaffen die »Gefahr totaler Vernichtung« (R 17; P 85–88)[7] darstellen und deren »Vernichtungspotential [...] kein politisches Ziel mehr vorstellen läßt« (MG 19). Damit beginnt auch *Macht und Gewalt*. Gleich darauf kommt Arendt auf die Zweck-Mittel-Kategorie als »Herstellungskategorie« (MG 20) zu sprechen, und schlüssig hält sie Gewalt für überhaupt durch ihren »instrumentalen Charakter« (MG 58; vgl. 63) gekennzeichnet. Mittel sind für Arendt »Werkzeuge« (ebd.), die zum einen dazu dienen, organisch-menschliche Werkzeuge in ihrer Stärke zu vervielfachen, bis sie diese ersetzen. Zum anderen bedürften Werkzeuge immer eines »Zwecks, der sie dirigiert und ihren Gebrauch rechtfertigt« (MG 63), und insofern spricht sie ihnen einen funktionellen, nicht einen essenziellen Charakter zu.

Spätestens hier ist es geboten, Arendts Unterscheidung von drei Arten des Tätigseins ins Spiel zu bringen, wie sie sie in *The Human Condition* (1958) und *Vita activa oder Vom tätigen Leben* (1960) entwickelt hat. Während sie das *Arbeiten* der notwendigen Existenzsicherung zuschreibt, das *Herstellen* der Schaffung einer dauerhaften Welt aus Dingen, bestimmt sie das *Handeln* als Ort der Freiheit und des Politischen, in dem zwischenmenschliche Verständigung stattfindet. Ihr Hauptinteresse liegt zwar auf dem Bereich des Handelns, doch schon in der englischsprachigen Erstpublikation von 1958, und da sogar noch prägnanter als in der deutschen Ausgabe, steigt sie mit einem zeitgenössischen technischen Objekt ein. Der Prolog zu *The Human Condition* beginnt mit den Worten:

> »Im Jahr 1957 wurde ein von Menschenhand geschaffenes Objekt ins Universum geschossen, wo es einige Wochen lang die Erde umkreiste, und zwar nach denselben Gesetzen der Gravitation, die auch die Himmelskörper – Sonne, Mond und Sterne – tragen und in Bewegung halten. Der von Menschenhand geschaffene Satellit war freilich kein Mond oder Stern, kein Himmelskörper, der seine Kreisbahn über eine Zeitspanne verfolgen konnte, die für uns Sterbliche, die wir an die irdische Zeit gebunden sind, von Ewigkeit zu Ewigkeit dauert. Dennoch schaffte er es, eine Zeit lang am Himmel zu bleiben; er wohnte und bewegte sich in der Nähe der Himmelskörper, als wäre er zaghaft in deren erhabene Gesellschaft aufgenommen worden.«[8]

Dieser Anfang zeugt vom sogenannten Sputnik-Schock, einer in den USA und Europa verbreiteten Reaktion auf den ersten, von der Sowjetunion ins All geschickten künstlichen Satelliten »Sputnik 1«. Heute ist dieser Schock kaum mehr nachvollziehbar, wird doch mittlerweile die von unzähligen blinkenden Satelliten verursachte »Lichtverschmutzung« des Himmels beklagt, die die Sichtbarkeit der »ewigen« Sterne beeinträchtigt. In der Systemkonkurrenz des Kalten Krieges jedoch kam der technischen Aufrüstung in Form einer Eroberung des Kosmos große tatsächliche wie symbolische Wichtigkeit zu, erschütterte sie doch den Glauben des westlichen Blocks an seine Überlegenheit auch in technologischer Hinsicht.[9] Noch 10 Jahre später finden sich in den »Einleitenden Bemerkungen« zur zweiten Auflage von *Vita activa* diese Überlegungen:

> »An Bedeutung steht das Ereignis des Jahres 1957 keinem anderen nach, auch nicht der Atomspaltung, und man hätte annehmen können, daß es trotz aller Sorge um die militärischen und politischen Begleitumstände von den Menschen mit großem Jubel begrüßt werden würde. Seltsam, der Jubel blieb aus, und von Triumph war kaum etwas zu spüren, aber auch nichts von einem Gefühl des Unheimlichen, daß von dem bestirnten Himmel über uns nun unsere eigenen Apparate und Geräte uns entgegenleuchten sollten.« (VA13)

Arendt evoziert hier Immanuel Kants berühmte Passage aus dem Beschluss seiner *Kritik der praktischen Vernunft*, die kosmische und moralische Ordnung verknüpft: »Zwei Dinge erfüllen das Gemüt mit immer neuer und zunehmender Bewunderung und Ehrfurcht, je öfter und anhaltender sich das Nachdenken damit beschäftigt: der bestirnte Himmel über mir, und das moralische Gesetz in mir.«[10] Dieser implizite Bezug unterstreicht den von Arendt herausgestellten grundlegenden Gegensatz von Moral und Technik. Ihre Bemerkungen im Zeichen des Sputnik-Schocks bilden den Auftakt zu einer Kritik des »modernen wissenschaftlichen Weltbilds« (VA 10 u. ö.), wobei sie das Sputnik-Ereignis für noch einschneidender hält als die Atombombe. Arendts Einstieg in *Vita activa* ist keineswegs überraschend angesichts des Umstands, dass mit den 1950er-Jahren Technik zum Schlagwort einer öffentlichkeitswirksamen Kulturkritik wurde. Literarisch kam diese etwa in Max Frischs Bestseller *Homo faber* von 1957 zum Ausdruck, diskursiv wurde sie maßgeblich von Arendts einstigem Universitätslehrer Martin Heidegger und Friedrich Georg Jünger, dem Bruder Ernst Jüngers, geprägt. Zur Situierung von Arendts Verständnis von Technik und Gewalt sei deshalb im Folgenden der Technikdiskurs der Zeit skizziert. Heidegger und F. G. Jünger standen in engem Austausch miteinander, und während Heidegger bis heute von vielen vor allem von außerhalb der Philosophie als erste Adresse für ein philosophisches Fragen nach Technik angesehen wird, wird nun auch F. G. Jünger durch seine Paarung von Technikfeindschaft und Naturnähe als ökologischer Vorreiter erneut rezipiert. Zusammen mit Heideggers der Technikfrage gewidmeten »Bremer Vorträgen« von 1949 und dem Sammelband *Vorträge und Aufsätze* von 1954 entfaltete F. G. Jüngers Buch *Die Perfektion der Technik* (verf. 1939, publ. 1946) eine nachhaltige Wirkung in der westdeutschen Nachkriegszeit. Die beiden Verfasser standen in kontinuierlichem Austausch und stimmten in der Auffassung von moderner Technik als autonomer Agentur, die bodenlos, nihilistisch und totalitär Raubbau an Mensch und Natur tätige, überein. Einigkeit zeigten sie auch darin, wie eine derart dämonisierte Technik mit der industriellen und bürokratischen Tötung im Holocaust korreliere. Damit führten sie über Technik einen Entschuldungsdiskurs, und ihre Technikkritik erweist sich als »exkulpativ«.[11]

Die 1950er-Jahre zeugen von einer auffälligen Konjunktur philosophischer Technikreflexion. Sie machte sich an Erfindung und Einsatz der Atombombe genauso fest wie an der zunehmenden Technisierung der Industriegesellschaft und der im Zweiten Weltkrieg entwickelten computergestützten Regelungstechnik. Gerade in der westdeutschen Nachkriegszeit tritt diese Reflexion mehrheitlich technikfeindlich auf und hat den Charakter einer über

Technik formulierten Modernekritik. Es finden sich zwar auffällige Kontinuitäten mit früherer philosophischer Technikreflexion, so über die Figur des mythischen Prometheus und genauso über die Vorstellung von Technik als einer Art autonomer Agentur, wobei sich allerdings die Bewertung von beiden änderte.[12] Moderne Technik gilt weiterhin als menschengeschaffen, habe sich jedoch nun verselbstständigt und richte sich gegen die Menschen. Mit dieser Technik verbundene Erfahrungen von »Entfremdung« und Ohnmacht analysieren Protagonisten aus dem Umfeld des Frankfurter Instituts für Sozialforschung und der Ersten Kulturwissenschaft[13] dahingehend, dass sie Technik als gesellschaftliche wie kulturelle Verkehrsform auch in ihrem Warencharakter analysieren und gleichwohl nach emanzipatorischen Momenten der Dingwelt fragen. Gegen modernefeindliche Untergangsvisionen findet sich bei Ernst Cassirer ein poietischer Kulturbegriff, der auch über die symbolische Form der Technik zu einer an Kant geschulten Kritik der Kultur führt.[14] Bei Siegfried Kracauer und Walter Benjamin liegt der Schwerpunkt auf dem Film als neustem technischem Medium,[15] und bei Theodor W. Adorno finden sich differenzierte technikphilosophische Ausführungen im Feld der Musik.[16] Alle diese Ansätze geben keineswegs Beispiele kulturindustrieller Technikfeindlichkeit, noch beschränken sie sich auf vormodernes Handwerk, stattdessen bedenken sie den technischen Charakter von Artefakten auf dem Stand der zeitgenössischen technischen Produktivkräfte und tätigen über ihre Kritik *in* der Technik jeweils immanente Kritik. Im Unterschied dazu identifizieren die als Technikkritik auftretenden Stimmen in der Technik ein schicksalhaftes, so menschen- wie lebensfeindliches Verhängnis und tätigen ihre Kritik *an* der Technik. Eine zur abstrakten Macht dämonisierte Technik dient als systematischer Einsatzpunkt für eine grundlegende Modernekritik, die die »Entzauberung der Welt« (Max Weber) durch Rationalisierung, Ökonomisierung und Technisierung einseitig als Niedergang beklagt.

Neben Wissenschaft ist es vor allem die sinnfälligere Technik, die als prominenter Gegenstandsbereich dient, um einen Illegitimitätsverdacht von Neuzeit und Moderne zu befestigen und Technik zum Inbegriff menschlicher Hybris zu machen. Einerseits wird Technik des Eingriffs in eine bestehende feste Ordnung angeklagt und andererseits das »Zurückschlagen« einer verselbstständigten Technik als Signal zur Ein- und Rückkehr oder gar als Strafe aufgefasst. Insgesamt wird Technik nicht als kulturelle Form betrachtet, die unterdrücken wie befreien kann, sondern zu einer fremden und feindlichen Macht stilisiert.

Im Fokus der Technikkritik von Günther Anders, dem ersten Ehemann von Arendt, stand die Atombombe. 1956, über ein Jahrzehnt nach dem ersten Atombombenabwurf auf Japan, ein Jahr vor dem ersten deutschen Atomprogramm und dem Sputnik-Schock und zwei Jahre vor Arendts *The Human Condition*, veröffentlichte er sein Buch: *Die Antiquiertheit des Menschen. Über die Seele im Zeitalter der zweiten industriellen Revolution.*[17] Darin setzt Anders bei der »Perfektion der Technik« im Zeitalter von Maschine und Atombombe an und bestimmt diese Technik als »Schicksal« des Menschen. Um den tragischen Charakter des Mensch-Technik-Verhältnisses zu veranschaulichen, nimmt auch er die Prometheus-Figur auf. Im Unterschied zum Werkzeug als Mittel zu einem menschenbestimmten Zweck konstatiert er in seiner Zeit ein Auseinandertreten »des Menschen« und seiner Produkte und charakterisiert dies als ein »prometheische[s] Gefälle«: Der prometheische Mensch habe die Beherrschung der von ihm hergestellten Gegenstände verloren und könne mit deren Eigendynamik in keiner Weise mehr mithalten. Angesichts der hohen und wirkmächtigen Qualität der gemachten Dinge, ihrer »Perfektion«, diagnostiziert Anders eine »prometheische Scham« des Menschen, der doch einst mit prometheischem Trotz und Stolz angetreten sei. Dabei reflektiert Anders, im Unterschied zu F. G.

Jünger, auf die Darstellungsweise des Problems mit der Technik und korreliert die Übertragung des Prometheus-Mythologems mit seinem literarischen Verfahren der Übertreibung.[18] Dieses Verständnis von Technik folgt, wenn auch mit umgekehrtem Vorzeichen, einer Mittel-Zweck-Relation, es bleibt heroisch-tragisch und macht die mögliche Auslöschung der Spezies Mensch durch *human engineering* und die Atombombe zu seinem denkerischen Fluchtpunkt.

Technik als Bereich und Produkt des Herstellens findet in Arendts *Vita activa* ihren prominenten Ort. Für den Zusammenhang hier sollen ein paar wichtige Punkte hervorgehoben werden. So lokalisiert Arendt in allem Herstellen »etwas Prometheisches« (VA 187) und identifiziert dieses nicht nur mit der Errichtung einer Welt, sondern ebenso mit Gewalt, ja »Vergewaltigung« (VA 187) einer gottgeschaffenen Natur. Während sie die Tätigkeit des Herstellens als zum menschlichen Wesen gehörig bezeichnet, manifestiere sich die Gewalt erst mit dem neuzeitlichen wissenschaftlich-technischen »Weltbild«: Dieses Weltbild zeuge von Weltentfremdung genauso wie von Weltlosigkeit und sei durch das berechnende Nutzenprinzip eines Mittels zum Zweck bestimmt. Vollkommen werde die Gewalt des Herstellens mit dem »modernen Weltbild«, welches Wissenschaft und Technik bis zur konkreten Möglichkeit der Vernichtung der Spezies Mensch in der Atombombe perfektioniert habe und den *homo faber* letztlich zum Sklaven seiner selbst mache (VA § 37). Moderne Wissenschaft und Technik, durch die sich »der Mensch« selbst als Gott setze, werden von Arendt als illegitim dargestellt, der technische Griff in den Kosmos gerade im Zeichen des Sputnik-Schocks wird als frevlerische Emanzipation von der lebensspendenden Mutter Erde imaginiert. Während Arendt menschliche Freiheit in vielen Facetten zukunftsweisend über das Handeln erörtert, zeichnet sich hinsichtlich der Technik ein Kulturpessimismus ab, der europäische

Neuzeit und Moderne als Verfallsgeschichte wertet und eine sachlich-argumentative Analogie zu F. G. Jüngers und Heideggers Technikverständnis aufweist. Die Tradition von Technikfeindlichkeit, Verfallsnarrativ und Ökologiediskurs führen heute Byung-Chul Han und Jean-Pierre Dupuy fort, die Beherrschung und Ausbeutung der Welt unter digitalen Bedingungen als Produkt menschlicher Hybris anklagen, wobei Dupuy auch Prometheus als Frevler einer »entfesselten Technik« aktualisiert.[19]

Arendt bleibt einem traditionellen instrumentellen Verständnis von Technik und Gewalt verpflichtet, das beide über Mittel-Zweck-Relationen bestimmt.[20] Zum einen geraten ihr dadurch Phänomene struktureller Gewalt aus dem Blick, und sie findet auch keine Sprache, diese Phänomene theoretisch zu fassen und auf den Begriff zu bringen. Zum anderen fallen durch den geradezu definitorisch festgemachten Zusammenhang von Technik und Gewalt sowohl Technik als auch Gewalt aus dem Bereich des Politischen heraus. Stattdessen gerät ihr Nachdenken über Technik, indem sie wissenschaftliches Weltbild mit Weltverlust verknüpft, bis in die Formulierungen hinein in das kulturpessimistische Fahrwasser von Heidegger.[21] In diesem Sinne formuliert Arendt kein Unbehagen *in* der Technik, wie sich das etwa bei Ernst Cassirer und Hans Blumenberg findet, die dem gegenüber neuzeitlicher und moderner Wissenschaft und Technik geäußerten Illegitimitätsverdacht deutlich entgegentreten. Dies tun sie nicht über eine generelle Rechtfertigung, sondern indem sie Wissenschaft und Technik als ambivalente Phänomene beschreiben, die sich historisch herausgebildet haben und differenzierten Umgang erfordern.[22] Arendt hingegen formuliert, wie Heidegger und F. G. Jünger, ein Unbehagen *an* der Technik und identifiziert dieses in Weltentfremdung. Der Einstieg über den Sputnik-Schock erhält darüber seine systematische Funktion, die weit über das Zeitereignis hinausreicht und gleichsam den Zeitgeist visualisiert.

Die Einleitung von *Vita activa* endet mit den Worten: »Die Absicht der historischen Analysen ist, die neuzeitliche Weltentfremdung in ihrem doppelten Aspekt: der Flucht von der Erde in das Universum und der Flucht aus der Welt in das Selbstbewusstsein, ihre Ursprünge zu verfolgen, um so vielleicht zu einem besseren Verständnis des neuzeitlichen Gesellschaftsphänomens zu kommen« (VA 20f.). Hier sind starke Präsuppositionen am Werk, die sich mit genauso starken Wertungen verbinden. Im Zentrum steht eine von Arendt konstatierte Weltentfremdung, die sie mit neuzeitlicher Wissenschaft und Technik verbindet. Wenn sie eine Flucht von der Erde ins Universum und eine Flucht aus der Welt ins Selbstbewusstsein beklagt, in welche Richtung sollte denn die »Besinnung« (VA 19) gehen?

Heideggers Weg führt anders als derjenige Arendts zurück auf den Boden und weg von der Konzeption eines Subjekts. Arendts Ausführungen zum Handeln verzichten zwar keineswegs auf einen Subjektbegriff, zeugen jedoch von einer Verlagerung der erkenntnistheoretischen Perspektive dessen, was sie mit neuzeitlicher Wissenschaft verbindet, hin auf eine ethische und politische Perspektive, die ihr eigentliches Anliegen ist. Auch dieses Anliegen wird bereits in der Einleitung markiert: »[W]ir [sind] imstande, alles organische Leben auf der Erde zu vernichten. Die Frage kann nur sein, ob wir unsere neue wissenschaftliche Erkenntnis und unsere ungeheuren technischen Fähigkeiten in dieser Richtung zu bestätigen wünschen«. Da dies nach Arendt nicht innerhalb von Wissenschaft und Technik geschehen kann und Verstehen und sprachliches Artikulieren mit dem Herstellenkönnen nicht Schritt halten könnten, will sie gerade auch diese Frage zu einer politischen Frage »ersten Ranges« (VA 15) machen. Heute ist die politische Dimension digitaler großer Systemtechniken wie des Internets der Dinge längst offensichtlich, aber in Wissenschaft und Öffentlichkeit immer noch zu wenig bewusst und behandelt. Deutlich wird die politische Dimension hinsichtlich der Übermittlung von Daten, der Frage der Überwachung und dem Einsatz künstlicher Intelligenz. Deren Problematik lässt sich mit einer ausschließlich ethischen Herangehensweise und einem isolierten Fokus auf handlungsmächtige Subjekte nicht erfassen. Demgegenüber kann sehr wohl ein die einzelnen Subjekte übergreifender Zusammenhang in den Blick genommen und auch die Frage nach Technikdeterminismus aufgeworfen werden, genauso wie sich technische Dynamiken über Herstellungsprozesse und ihre auch politischen Wirkungen beschreiben und analysieren lassen, wie dies beispielsweise Shoshana Zuboff und Evgeny Morozov unter dem Stichwort »technologischer Totalitarismus«[23] tun. Konzeptionen einer Technomacht registrieren zwar die sich manifestierende technische Eigendynamik, die sie jedoch theoretisch bestätigen, indem sie die Beteiligung von Subjekten streichen. Kulturpessimistische Erzählungen adressieren eine vergegenständlichte materielle technische Rationalität und machen auf etwas aufmerksam, was optimistisch-technokratische Vorstellungen verfehlen oder ausblenden: Sie avisieren die tatsächliche Dezentrierung von Menschen durch Technik, die eine selbstverständliche Gleichung von Mensch und handlungsmächtigem Subjekt, aber auch eine verabsolutierte Vorstellung des *homo faber* aus dem Blick verloren haben. Diesen kruden Pessimismus übernimmt Arendt hinsichtlich Technik, doch gewinnt er bei ihr keine analytische Funktion, und sie hält ihm nicht stand.[24] Stattdessen setzt sie ihm einen prinzipiellen Optimismus des politischen Handelnkönnens entgegen.

Der Schluss dieses Technik und Gewalt gewidmeten Kapitels führt zum ersten künstlichen Erdsatelliten *Sputnik 1* zurück. Arendt verlieh ihm Bedeutsamkeit nicht hinsichtlich der Systemkonkurrenz, er wurde ihr zum Inbegriff der Weltentfremdung. Dass diese denkerische Entscheidung keineswegs zwingend ist, soll der Kontrast mit zwei anderen Beispielen verdeutlichen. 1) So beobachtete Blumenberg den Sputnik-Schock und das Problem der Systemkonkurrenz in Wissenschaft und Technik ebenfalls mit phänomenologischem Interesse, reagierte jedoch nicht mit kulturpessimistischem oder modernekritischem Pathos. Für ihn war der Sputnik der »erste falsche Komet«[25] und »piepende Kunstmond«, und dem wissenschaftlichen Wettlauf zwischen Ost und West widmete er eine »astronoetische« Parodie. 2) Das zweite Beispiel bezieht sich nicht auf den Sputnik, sondern auf das Ereignis des ersten bemannten Raumflugs am 12. April 1961, als Juri Gagarin als erster Mensch die Erde auf dem Raumschiff *Wostok 1* umrundete. Während der erste Astronaut, wie viele nach ihm, die Schönheit der Erde aus kosmischer Höhe nicht zuletzt als eine Welt ohne politische Schranken und Ländergrenzen bestaunte,[26] schien dieser Flug einigen Philosophen auf der Erde der Inbegriff menschlicher Anmaßung zu sein: die Eroberung des Weltraums. Noch schlimmer: Mit ihm würde sich »der Mensch« an Gottes Stelle setzen, sagte doch Gagarin nach der Landung den viel zitierten Satz: »Ich habe keinen Gott im Weltall angetroffen.« Während dies einigen in Europa und den USA als Gipfel der Blasphemie erscheinen mochte, spottete man in der Sowjetunion lediglich über diesen »perfekten Werbeslogan der atheistischen Ideologie«.[27] Zu diesem Ereignis gibt es einen denkwürdigen kurzen Text von Emmanuel Lévinas mit dem Titel: »Heidegger, Gagarin und wir«, erschienen 1961 in der *Information juive*. Der Aufsatz beginnt mit den Worten: »Es sei dringend, den Menschen gegen die Technik unserer Zeit zu verteidigen. Der Mensch habe seine Identität verloren und drehe wie ein Rädchen in einer ungeheuren Maschinerie. Von nun an sei *existieren* identisch mit Natur ausbeuten«.[28] Lévinas wird diesen Reden gegenüber nicht zum Apologeten der Technik. Er weist jedoch darauf hin, dass die Feinde der Industriegesellschaft zum größten Teil Reaktionäre seien, die die großen Hoffnungen der Epoche vergessen hätten oder gar hassen würden, dafür den

Weltverlust beklagten und die Welt wiederfinden wollten. Angesichts dieses Bedauerns über eine verlorene Welt und der gewünschten Verwurzelung in der Erde weist Lévinas auf den springenden Punkt dieser Bodenbindung hin, nämlich die Trennung der Menschheit in Autochthone und Fremde, und resümiert: »Und in dieser Perspektive ist die Technik weniger gefährlich als die Geister des *Ortes*.«[29] Er wird noch deutlicher: »Die Technik zieht uns aus der Heideggerschen Welt und dem Aberglauben des *Ortes* heraus.«[30] Am Ereignis Gagarin bewunderte Lévinas einiges, am meisten aber, »dass er den Ort verlassen hat«.[31] Und er schreibt weiter: »Für eine Stunde existierte ein Mensch außerhalb jedes Horizonts – um ihn war alles Himmel, oder, genauer, alles war geometrischer Raum.«[32] Gagarins leerer Himmel bestätigte Lévinas die Transzendenz eines Gottes, der ortsunabhängig ist und gerade deshalb den Menschen in der Nacktheit seines Antlitzes entdeckt und die Sorge um den anderen zur menschlichen Aufgabe macht.

3. Studierendenrevolten: Erfahrung und Gefährdung von Macht

Die weltweiten Revolten der Studierenden bilden neben dem Vietnamkrieg einen weiteren zeithistorischen Kontext von Arendts *Macht und Gewalt*, den sie nicht nur in ihre Überlegungen miteinbezieht, sondern geradezu zum Gravitationszentrum ihres Textes macht. Dieser Stellenwert zeigt sich nicht nur in der von Arendt hervorgehobenen Beziehung dieser Revolten zum Vietnamkrieg, die in der US-amerikanischen Öffentlichkeit zu einem Richtungswechsel beitrugen. So unterschiedlich sich die Studierendenrevolten auch national artikulierten, Arendt erkannte in ihnen ein ganz aktuelles Beispiel, um ihren von der antiken Polis gewonnenen Machtbegriff in ihrer Gegenwart zu vermitteln und an diesem konkreten Beispiel zur Diskussion zu stellen. Sie tut dies so differenziert, dass ein Interviewer gleich zu Beginn aus ihr herauslocken zu müssen meint, ob sie denn nun eigentlich für oder gegen die Studierendenbewegung sei.[33] Lapidar antwortet Arendt, dass sie gewisse Ziele begrüße, anderen neutral gegenüberstehe und gewisse auch für »gefährlichen Unsinn«[34] halte. Vor dem Hintergrund des zeitgenössischen Kontextes genauso wie angesichts heutiger Proteste sind Arendts differenzierte Ausführungen gerade auch in ihren provozierenden Aspekten weiterhin bedenkenswert.

Als stärkster Stein des Anstoßes wirken ihre Ausführungen über die damals so genannte Rassenfrage in den USA, die sie auch in *Macht und Gewalt* aufnimmt. Bereits 1959 äußerte sie sich in einem Essay zu den Ereignissen in Little Rock (LR), bei denen ein weißer Mob schwarze Schülerinnen am Betreten ihrer Schule gehindert hatte. Vier Jahre später veröffentlichte der afroamerikanische Autor Ralph Ellison eine kritische, heute würde man sagen postkoloniale Auseinandersetzung mit Arendts Essay. Darin misst Ellison Arendt an ihren eigenen Ansprüchen aus *The Human Condition* und stellt eine Verbindung zu ihrem Buch *Eichmann in Jerusalem* (1963/1964) her, womit er als Erster einen Zusammenhang zwischen Kolonialismus und Antisemitismus stiftet.[35] So fragwürdig bestimmte Äußerungen Arendts auch sind, so zeugen sie gleichwohl vom Versuch einer problemorientierten Auseinandersetzung einer Zeitgenossin seitens der Politischen Philosophie. An dieser Stelle sollen nur ein paar Hinweise gegeben werden, wie dieses Thema in *Macht und Gewalt* Eingang findet. Zunächst identifiziert Arendt als »unmittelbare[n] Anlass« (IAR 107) der studentischen Proteste in den USA, die bis in die 1950er-Jahre zurückgehen, die Bürgerrechtsbewegung im Süden; in dieser Sache hält sie die Proteste für erfolgreich (vgl. IAR 112). Ihre Kritikpunkte markiert sie zum einen in »Interessenkämpfen« (MG 34) der Black-Power-Bewegung, die biologisch ein- und ausschließen und zu einem Rassismus mit umgekehrtem Vorzeichen führen würden. Zum anderen moniert sie die ideologische Konstruktion einer »Dritten Welt« und das »neue Schlagwort: Kolonisierte aller Länder [...] vereinigt euch!« (IAR 117). Für gefährlich hält Arendt diese Strategien, die auch von weißen Studierenden übernommen wurden, da sie über kollektive Schuld und Unschuld operierten und die tatsächlich Schuldigen und die für die Missstände Verantwortlichen unbelangt ließen (vgl. MG 77f.). Die Rede von einer »Dritten Welt« – heute »Globaler Süden« genannt – diene als »Projektionsbühne«[36] einer ursprünglichen Unschuld gegenüber einer als kollektiv aufgefassten Schuld der imperialistischen Staaten der »Ersten Welt« unter Führung der USA und verhindere, dass Missstände und Verbrechen hier wie dort den jeweils Verantwortlichen zugeschrieben werden.

Bei den afroamerikanischen Studierenden wurde der Vietnamkrieg erst nach der »Rassenfrage« zu einem Thema, wobei Arendt berücksichtigt, dass zum einen die US-Armee – und das ist bis heute so – jungen Menschen aus unteren sozialen Klassen eine universitäre Ausbildungsperspektive bietet (vgl. IAR 128f.) und zum anderen die Zusammenarbeit zwischen der Black-Power-Bewegung und den weißen Rebellierenden scheiterte (vgl. MG 38f.). Zugleich macht sie darauf aufmerksam, dass die Anfänge der Opposition gegen den Vietnamkrieg gerade von denjenigen Studierendengruppen ausgegangen sind, die sich in der Bürgerrechtsbewegung engagierten. Diese Gruppen hatten Erfahrung im Umgang mit staatlicher Souveränität und waren dadurch bereits politisiert. Institutionen nannten sie »das System«, wie damals ihre Gegner die Weimarer Republik,[37] während heute mehr vom »Establishment« (MG 84) die Rede ist. Zudem drohte der Gestellungsbefehl jedem einzelnen Studenten und forderte eine Haltung zu diesem Krieg heraus; ein Aspekt der Politisierung, der bei Berufsstreitkräften entfällt und mit weniger Opposition gegen Kriege einhergeht. Angestoßen durch die Studierendenproteste positionierten sich signifikante Teile der US-Bevölkerung gegen den Vietnamkrieg. Hat nun ein Staat nach Arendt lediglich Macht dadurch, dass seine Repräsentanten und Institutionen in der Bevölkerung Unterstützung genießen und dem Staat dadurch Macht verleihen (vgl. MG 53), wirkt sich die fehlende Zustimmung zum Vietnamkrieg als »Vertrauensschwund« (IAR 127) in den Staat aus. Nach Arendt hat man es hier mit einem Machtverlust der staatlichen Machthaber zu tun, die diese mit Gewalt kompensieren: Gegenüber den Studierenden zeigte sich dieser Machtverlust besonders durch den Einsatz von Polizeigewalt. Arendt stellt auch hier einen Bezug zu imperialistischem Kolonialismus her: theoretisch, indem sie sich auf den »Bumerangeffekt« (MG 66) bezieht, der die im fernen Vietnam ausgeübte Gewalt »auf die Bevölkerung des Mutterlandes zurückschlagen« sieht; und praktisch, indem sie eine Polizeigewalt moniert, die auch vor der Verwendung von in Vietnam zum Einsatz gekommenem völkerrechtlich geächtetem Gas nicht zurückschreckt (vgl. ebd.). Aus diesen Beobachtungen zieht sie den Schluss, dass »sehr viel eher« (ebd.) Machtverlust (eines Staates) zu Gewalt verführe denn Ohnmacht (der Protestierenden), ohne jedoch die konkreten Zerstörungsakte seitens gewaltbereiter Studierender zu rechtfertigen. Als »Schulbeispiel für eine Konfrontation von Macht und Gewalt in ihrer reinen Form« (MG 65) bezeichnet sie die Ereignisse in Prag 1968, bei denen sie die sich im gewaltlosen Widerstand manifestierende Macht der tschechoslowakischen Bevölkerung gegen die Panzergewalt des Warschauer Paktes hervorhebt.

Mehrfach kommt Arendt auf eine »theoretische Hilflosigkeit« (IAR 117) der Studierendenproteste zu sprechen, die es verdient, näher betrachtet zu werden. Ausdrücklich benennt sie diese, wenn sie festhält, dass die Studierenden auf »die von den Imperialisten getroffene Unterscheidung zwischen Kolonialländern und kolonisierten Ländern« (ebd.) und damit auf die »imperialistische Einebnung aller Besonderheiten« hereingefallen seien und unter der Formel »Dritte Welt« nur die Vorzeichen geändert hätten. Im November 1967 schreibt sie an einen deutschen künftigen 68er, es sei seine Verantwortung, in Deutschland unwürdige Zustände zu verhindern und nicht mit einer »Art umgekehrte[m] Größenwahnsinn«[38] sich für die Zustände in Vietnam verantwortlich zu fühlen. Arendt erkennt hierbei ein Muster: »das Hereinfallen auf jedes Schlagwort, die Unfähigkeit zu denken, bzw. der Widerwille dagegen, Phänomene zu sehen, wie sie wirklich sind, ohne auf sie sofort Kategorien anzuwenden, durch die man sie glaubt klassifizieren zu können.«[39] So moniert sie etwa das Schlagwort »Polizeistaat« (vgl. MG 31), das Unterschiede zwischen Demokratien und (im Arendt'schen Sinne) totalitären Staaten einebne. Dann weist sie auf die geradezu manichäische Struktur einer deklamatorischen Rhetorik hin, die moralisch aufgeladen einen Kampf »zwischen Gut und Böse« (MG 110)[40] inszeniere.

An dieser Rhetorik beobachtet Arendt insofern eine theoretische Hilflosigkeit, als der moralische Charakter der Rebellion sich mit der von dieser verwendeten marxistischen Rhetorik ›beiße‹ und in seiner Klassenferne Marx' Ansatz geradezu widerspreche. Das »moralische […] Kolorit« (IAR 109) würdigt Arendt jedoch durchaus, wenn sie der »spontane[n] politische[n] Bewegung« der Studierenden ein Handeln *»nahezu ausschließlich aus moralischen Motiven«* (IAR 108 f.) zugesteht, das jedoch durch »Fanatismus, Ideologien und […] Zerstörungswut« (IAR 109) gefährdet sei. Theoretische Hilflosigkeit macht sie in einem »Amalgam von Fanon und Marx« (MG 35) aus, insofern sie in der Rechtfertigung von Gewalt eine Inspiration durch Frantz Fanon erkennt, in deren Rhetorik sie jedoch lediglich marxistische Versatzstücke findet. Die von ihr bemerkten »zahlreichen theoretischen Unstimmigkeiten« (MG 39) identifiziert Arendt als »verblüffenden Konservatismus« (ebd.) insofern, als »die Wirklichkeit des zwanzigsten Jahrhunderts mit Kategorien des neunzehnten Jahrhunderts« (ebd.)[41]

verstanden werden möchte, also keine der zeitgenössischen Realität angemessene theoretische Anstrengung unternommen werde. Dazu zählt auch die von Arendt bestürzend genannte Tatsache (vgl. MG 115), dass die Studierenden in Deutschland zwar lautstark gegen die nationalistische oder imperialistische Politik anderer Länder protestierten und gegen den Schah von Persien demonstrierten, aber »die einzige moralische Frage« (IAR 115), die in der deutschen Politik noch zur Debatte stand, übersahen: die Anerkennung der Westgrenze Polens nach dem Zweiten Weltkrieg, die so genannte Oder-Neiße-Linie, die Arendt als »Angelpunkt der deutschen Außenpolitik« (MG 116) genauso wie als »Prüfstein deutschen Nationalismus« bestimmt. Von heute aus werden sowohl das Thema des Nationalismus als auch das Thema von Guerilla und Gewalt als blinde Flecken der deutschen 68er beurteilt.[42]

Theoretische Hilflosigkeit äußert sich ebenso in dem, was Arendt am Auftreten organisch-biologischer Kategorien auffällt. Damit nutzt auch sie »historische Semantik zur Gegenwartsanalyse«.[43] Sie benennt die »trügerische[] Plausibilität« (MG 88) organisch-biologischer Kategorien nicht nur im Rassismus, der damit eine zur Ideologie erhobene Meinung stütze und daraus resultierende Taten als bloße Reflexe ausgebe. Sie problematisiert auch den positiven Einsatz derartiger Kategorien bei dem die Studierendenbewegung inspirierenden Fanon. In *Die Verdammten dieser Erde* (1961) bestimmt Fanon gleich zu Beginn jede Dekolonisation als gewaltvoll. Nur durch die Gewalt der Kolonisierten könne der Gewalt der Kolonisatoren ein Ende bereitet werden, könne ein Umsturz erwirkt und eine neue Weltordnung realisiert werden, nicht durch friedliche Verhandlungen oder Versöhnung. In der von ihm ausdrücklich als manichäisch[44] bezeichneten kolonial geteilten Welt beschreibt Fanon die Aggressivität der Kolonisierten zum einen als reaktive Gewalt, zum anderen geradezu physiologisch in der auf Angriff und Rache gerichteten »ständige[n] Anspannung der Muskulatur«.[45] Diese Energie weist Fanon den Weg »von der atmosphärischen Gewalt zur aktiven Gewalt«[46] als Befreiung durch gewalttätige kollektive Entladungen. Die gewalttätige Praxis mobilisiere die Massen und wirke »integrierend«,[47] und in der kollektiven Gewaltanwendung könnten sich die Kolonisierten »in der Gewalt und durch die Gewalt«[48] mit einer Art »folie créatrice«[49] von der Kolonialherrschaft selbst befreien. Arendt macht bei Fanon ein derart organisch-biologisch geprägtes Verständnis von Gewalt aus, als sie nicht nur »ein Element des Lebendigen« (MG 82) sei, vielmehr geradezu »sein eigentlich schöpferisches Element« darstelle, und zieht eine Verbindung zur Lebensphilosophie von Bergson und Nietzsche »in Sorelscher Prägung« (MG 86). Jean-Paul Sartre glorifiziert in seinem Vorwort mit dessen »Amalgamierung von Existentialismus und Marxismus« (MG28) dabei, wie Arendt auch auffällt, diese Gewalt noch stärker als Fanon selbst. Während sie den großen Einfluss von Fanons Buch auf die Studierenden erwähnt, bemerkt sie jedoch auch, dass jener der Gewalt gegenüber viel reservierter war als Sartre und seine studentischen Bewunderer, die wohl lediglich das erste Kapitel des Buches gelesen hätten (MG 122, EN 20). Das aus Fanon von den Studierenden als gar nicht so »neuen Verherrlicher[n] des Lebens« (MG 86) aufgenommene Verständnis einer schöpferischen Gewalt steht mit der von ihr beobachteten »Idolisierung« (MG 122, EN 21) von Produktion und Kreativität eines »neuen Menschen« im Zusammenhang. Die Fokussierung auf »das Leben« interpretiert Arendt zudem als eine, wenn auch naive, Reaktion auf eine als bedrohlich erfahrene technische Entwicklung. Der geradezu romantische Charakter der 68er tritt aus heutiger Perspektive noch deutlicher zutage, sowohl im Kulturpessimismus der 68er wie noch mehr in ihrer vitalistischen »Anbetung des Lebendigen«.[50] Schon die Jugendbewegung um 1900 war gegen Technik gerichtet und trat im Namen des Lebens auf, was auch von zeitgenössischen Philosophen kritisiert wurde.[51] Noch spezifisch problematischer wird in Deutschland eine für Theorie und Politik mobilisierte Lebenskraft nach der Shoah und ihrer nationalsozialistischen antisemitischen Propaganda, die wesentlich über organisch-biologische Kategorien operierte.[52]

Mit ihrer Differenzierung von Macht und Gewalt problematisiert Arendt am Einsatz organisch-biologischer Kategorien grundsätzlich, dass sie »nahezu automatisch« (MG 87) Macht und Gewalt gleichsetzten. In dieser Hinsicht kommt dem Beginn des dritten Kapitels eine Schlüsselrolle zu (vgl. MG 71–75). Hier bezieht sich Arendt auf Konrad Lorenz' Buch *Das sogenannte Böse* von 1963, in dem Lorenz das Thema Aggression ethologisch, also aggressives Verhalten von Menschen und anderen Tieren untersucht. Arendt dient dieses Buch als beispielhafte naturwissenschaftliche Auseinandersetzung mit Gewalt. Sie entnimmt ihm, dass dem Aggressionstrieb überlebenstechnisch eine vergleichbare Funktion wie Nahrungs- und Fortpflanzungstrieb zugeschrieben werde, und moniert, dass die daraus resultierenden Folgerungen mit dem Gewicht der zeitgenössischen Wissenschaft Gewalttätigkeit naturalisierten. Dagegen positioniert sie sich, indem sie zum einen Lorenz' Ansatz eine (auf empirischen Beweisen beruhende) Wissenschaftlichkeit abspricht, da es sich lediglich um eine hypothesengestützte Theorie handle, die überdies physikalische Begriffe auf biologische Sachverhalte anwende (vgl. MG 74). Zum anderen stellt sie die bei Lorenz verbundene Identifizierung von Macht und Gewalt infrage und versucht darzulegen, dass »Gewalttätigkeit ein menschliches Phänomen und weder ›tierisch‹ noch ›irrational‹« (MG 75) sei.

Gerade an der Gewaltfrage zeigt sich die von Arendt beobachtete theoretische Hilflosigkeit auch als ein Problem des Verhältnisses von Theorie und Praxis. Was motiviert die rebellierenden Studierenden zu ihrem Tun? Und wann geht es dabei um ein Handeln im Arendt'schen Sinne und wann stattdessen um Gewaltakte und sogar eine Art »Amoklaufen« (MG 50; vgl. IAR 113)? Letzteres fällt Arendt dahingehend auf, als Studierende mit der Universität ihren eigenen Ort zerstörten und sich damit »ihrer Operationsbasis beraubt[en]«: »Sie sind bestens dabei, sich den Ast abzusägen, auf dem sie sitzen« (IAR 113), auch wenn Arendt die sich weltweit artikulierende antibürokratische Stoßrichtung der Studierendenunruhen berücksichtigt, die auf die Erfahrung eines Verlusts von Handlungsmacht reagiere (vgl. MG 93 f.). Offenbar dominiere dabei »die Versuchung [...], einfach zuzuschlagen« (MG 93) (ebd.), anstatt sich bewusst und zusammen die »studentische Freiheit« (IAR 113) zu Bildung und Forschung zu nehmen. Arendt bringt hier zudem ihre eigene Wissenschaftskritik und ihre heideggerisch klingende Kritik am »modernen wissenschaftlichen Weltbild« (VA 16) auch in *Macht und Gewalt* (vgl. MG 45 f.) zum Ausdruck und zeigt Verständnis für den studentischen Aufstand gegen ein starres »Universitätssystem« (MG 61 f.).

Das Problem des Universitätssystems stellt sich auch nach der staatlichen Direktive der Bologna-Reform erneut, als die Bildungsinstitution Universität zu einer Ausbildungsstätte für den Arbeitsmarkt umgebaut wurde, den sie in den Geisteswissenschaften nicht einmal bedienen kann. Und weiterhin ist die Forderung ernst zu nehmen, die Universität als »Freistätte«[53] zu verteidigen und zu gestalten. Schon für die Situation um 1968 erweist sich der Fokus auf Bürokratismus auf allen Seiten, wenn auch aus unterschiedlichen Gründen, als theoretisch problematisch. Ansätze, die strukturelle Macht und Gewalt in den Blick nehmen und zunächst über das Konzept der Disziplinargesellschaft, dann über dasjenige der Kontrollgesellschaft operieren,[54] können herangezogen werden und Phänomene analysieren und begreifbar machen, die sich mit Arendts scharfer Scheidung von Macht und Gewalt nicht fassen lassen. Gleichwohl bleibt es wichtig, gerade vor dem Hintergrund ihrer begrifflichen Unterscheidung, weiterhin zu fragen, wo sich Momente von Macht und Gewalt finden; wann sich mögliche Macht in Schlagworten, Ideologien und lobbyistischem Aktivismus verliert; wann sich Handlungsmacht in Gewaltakte verkehrt; und wann die Macht eben nicht übernommen, sondern von der Straße aufgelesen werden kann (FF 18,41; MG 61 f.; IAR 111). Die Studierendenunruhen nicht nur in Paris werden Arendt denn auch geradezu zum »Schulbeispiel« (MG 61) einer verpassten Revolution: ein Schulbeispiel dafür, dass eine Revolution hätte stattfinden können, diese aber ausblieb, da die Studierenden zwar zunächst vornehmlich gewaltlos rebellierten, aber nicht die Macht ergriffen und Verantwortung übernahmen, ja nicht einmal gewusst hätten, was Macht bedeute, und geradezu Macht und Gewalt auf gefährliche Weise vermischten. Mit den gewaltsamen Krawallen vermochten sie es, grundlegende Reformen zu erzwingen, wie Arendt ihnen zugesteht. Mit der Abgrenzung gegen Reformen kann Arendt ihren Revolutionsbegriff auch hinsichtlich der Studierendenunruhen gewaltfrei halten, da sie bei ihnen gerade nicht die »Verwirklichung eines der größten und grundlegendsten menschlichen Potenziale, nämlich die unvergleichliche Erfahrung, frei zu sein für einen Neuanfang« (FF 38), findet. So kann sie denn auch schreiben, dass die Studierenden gerade keine Revolutionäre waren, obwohl sie das am liebsten gewesen wären – und auch hätten werden können, ihnen aber eben »eine Gruppe wirklicher Revolutionäre« (IAR 111) gefehlt hätte.

Dieses Schulbeispiel erhellt auch Arendts Machtbegriff. Ihr Verständnis von Macht gewinnt sie vom historischen Beispiel der griechischen Polis und bestimmt Macht darüber geradezu definitorisch. So phänomenologisch geschult und erfahrungsgesättigt ihre Beobachtungen als Zeitgenossin auch sind, es ist dieser Machtbegriff, an dem sie die konkreten Phänomene auch ihrer Gegenwart misst und beurteilt. Ihr Machtbegriff ist insofern aristotelisch bestimmt, als er sich an den auf den Akt hin gerichteten

Vermögen orientiert. Gemessen an einem allgemeinen Verständnis im Deutschen definiert sie Macht lediglich über das menschliche Vermögen als *potentia* und bindet entsprechend die politische Herrschaft im Sinne von *potestas* in der Moderne als Staatsmacht an die von einer Bevölkerung verliehene Macht zurück (vgl. MG 56).[55] Arendts Machtbegriff beruht auf der Legitimität seines Ursprungs in der Gruppengründung als Selbstzweck, und so bedarf er, im Unterschied zur Gewalt, auch keiner Rechtfertigung durch bestimmte Ziele oder Zwecke (vgl. MG 64). Ihre »Philosophie der Macht« [56] artikuliere sich, wie Katrin Meyer betont, um die Frage, »was Menschen gemeinsam verwirklichen können«, und zeuge von einer »utopische[n] Hoffnung, dass sich politische und soziale Verhältnisse jenseits von Hierarchien und Gewalt denken lassen«. An der internationalen Bewegung der Studierenden hebt Arendt besonders positiv hervor, dass sie eine »Lust am Handeln« (IAR 107) bekunde, die sie näher charakterisiert mit einer »Zuversicht, die Dinge aus eigener Kraft ändern zu können« (ebd.). Doch Arendts Machtbegriff ist nicht nur dadurch bestimmt, dass er auf die menschliche Fähigkeit zielt zu handeln, sondern im Zusammenschluss mit anderen und im »Einvernehmen mit ihnen zu handeln« (MG 56). Von hier aus wird auch verständlich, warum Arendt die bei Fanon, Sartre und der Studierendenbewegung zutage tretende Emphase problematisiert, Geschichte zu »machen«.

4. Machbarkeit und Unverfügbarkeit der Geschichte

Bei Fanon tritt ein emphatisches »Geschichtemachen« mehrfach und von zwei Seiten her auf, seitens der Kolonisatoren wie der Kolonisierten. Fanons Ansatzpunkt liegt darin, dass er dem Kolonialherrn zuschreibt, Geschichte zu machen, und dass sich dieser dessen auch bewusst sei.[57] Sein Aufruf nun an die Kolonisierten lautet, dass sie ihre eigene Geschichte beginnen, Geschichte »machen«[58] und »zur aktiven Geschichte«[59] werden sollen. Die »Geschichte der Dekolonisation«[60] könne jedoch nur geschehen, wenn der »Geschichte der Kolonisation« ein Ende gesetzt werde. Sartres Vorwort zu Fanons Buch endet mit dem Ausblick darauf, sich denen anzuschließen, »die sie«, das heißt die »andere Geschichte«, »heute machen«.[61] Daniel Cohn-Bendit, das bekannteste Gesicht des Pariser Mai '68, meinte noch vor wenigen Jahren in einem Gespräch: »[W]ir hatten das Gefühl, also auch ich, wir machen Geschichte. Wir drehen an der Geschichte, wir drehen an den Schrauben. Und das war natürlich ein erhabenes Gefühl, weil plötzlich waren wir Akteure der Geschichte. Und ich wurde plötzlich Akteur der Weltgeschichte.«[62] Über Cohn-Bendit hatte Arendt eine familiäre und persönliche Beziehung zur Studierendenrevolte. Sie war mit seinen Eltern aus ihrer Emigrationszeit in Frankreich befreundet, persönlich kennengelernt haben sich die beiden 1958 anlässlich der Verleihung des Friedenspreises des deutschen Buchhandels an Karl Jaspers, für den Arendt die Laudatio hielt. Nach dem Pariser Mai schrieb sie Cohn-Bendit einen Brief mit den Worten, dass seine Eltern bestimmt zufrieden gewesen wären mit ihm und dass er, falls er Schwierigkeiten bekäme oder Geld bräuchte, sich an sie wenden solle.[63] Arendt ihrerseits hatte unter den revoltierenden Studierenden in Deutschland aufgrund ihres Vergleichs von Nationalsozialismus und Stalinismus im Totalitarismus-Buch den Ruf, rechts und reaktionär zu sein.[64]

Mit dem »Geschichte Machen« setzt sich Arendt selbst ausdrücklich in ihrer »Geschichtsbroschüre« (FT 12) *Fragwürdige Traditionsbestände im politischen Denken der Gegenwart* auseinander, insbesondere in den zwei mittleren Essays »Natur und Geschichte« sowie »Geschichte und Politik in der Neuzeit«. Ihre Kritik zielt ab auf eine Vorstellung von »Handeln als Geschichte-machen« (FT 135). Sie selbst versteht »Geschichte machen« nicht als Handeln, sondern bestimmt es als Herstellen, da es dasjenige abschaffe, was sie unter Handeln versteht, nämlich »das eigentlich Politische im Menschen« (ebd.). Wird also Handeln als Geschichte Machen aufgefasst, wird es mit der Vorstellung eines Herstellens von Geschichte verwechselt. Legt man die Arendt'sche Unterscheidung von Herstellen und Handeln zugrunde, wie sie sie in *Vita activa* erläutert hat, ließe sich geradezu von einem Kategorienfehler sprechen. So bestimmt sie das Herstellen als Verfertigen eines Gegenstandes mit einem deutlichen Anfang wie Ende, das Handeln jedoch mit einem offenen Ausgang und letztlich ohne (vorausbestimmbares, vorhersagbares oder vorhersehbares) Ende. Die Auffassung, Geschichte machen zu können, hält Arendt für »außerordentlich gefährlich«, da sie die totalitären Herrschaftssysteme, mit denen sie sich wenige Jahre zuvor in *The Origins of Totalitarianism* beziehungsweise *Elemente und Ursprünge totaler Herrschaft* auseinandergesetzt hatte, darin gründen sieht, dass sie »Politik als ein Herstellen, ein Machen von Geschichte« (FT 135) verstehen.

Vorher nimmt sich Arendt die moderne Geschichtsphilosophie mit ihrem Verständnis von »Geschichte als Prozeß« (FT 126) vor. Die Vorstellung eines Geschichtsprozesses hält sie für problematisch, da er »großartige [...] Geschichtskonstruktionen« (FT 67) voraussetzen würde, die alle »einen gesetzmäßigen Ablauf des Geschichtsprozesses« behaupteten; dazu zählt sie die »Hegelschen Gesetze [...] der Freiheitsdialektik«, das »Marxsche [...] Gesetz des Klassenkampfes«, das »Spenglersche [...] Gesetz des Auf- und Unterganges der großen Kulturen« und das »Toynbeesche [...] Gesetz von typischen Reaktionen auf typische Herausforderungen [challenge and response]«. Im ersten der beiden dem Geschichtsbegriff gewidmeten Essays weist sie insofern auf die Nähe der Auffassungen von Geschichte und Natur hin, als in beiden Bereichen Gesetze mit allgemeinem Charakter konstruiert würden. Implizit macht sie dabei auf die Gefahr einer Naturalisierung von Geschichte aufmerksam. Das für Arendt grundsätzlich Problematische an einem Prozessdenken erschließt sich heute nicht umstandslos aus dem Wort, doch im 19. Jahrhundert diente dieses als ein Signal für Teleologie. So reagierte Nietzsche geradezu allergisch auf den damit unterstellten historischen Zweck, hätten sich doch die »Deutschen daran gewöhnt, vom ›Weltprocess‹ zu reden und die eigne Zeit als das nothwendige Resultat dieses Weltprozesses zu rechtfertigen«.[65] Es ist diese zugrunde gelegte Teleologie, die Arendt moniert, wobei es gleichgültig sei, »welcher Art der Prozeß ist, dessen Exponent nun alles zu sein hat, – der Prozeß der Offenbarung des Weltgeistes, oder der Prozeß der Klassenkämpfe, oder der Prozeß des Aufstiegs und Unterganges von Kulturen, der Prozeß der Rassenkämpfe und so weiter« (FT 100). Dieser »Prozeß« mache jedes Einzelne und Besondere zu »bloße[n] Funktionen« (FT 101) eines übergeordneten Zweckes. Damit bestimmt sie »Prozeß« über eine Mittel-Zweck-Relation und mithin technisch.

Mit diesen Überlegungen befindet sich Arendt mitten in einer geschichtsphilosophischen Problemstellung. Obgleich sie hier wie in anderen Schriften jegliche Konzeption einer welthistorischen Entwicklung ablehnt, stellt sich die Frage nach einer geschichtsphilosophischen Dimension in Arendts Werk selbst. Herta Nagl-Docekal rekonstruiert hierfür zunächst Arendts Vorbehalte gegenüber der Geschichtsphilosophie in typologischer Form, prüft diese auf ihre Stichhaltigkeit und befragt schließlich Arendts Blick auf Geschichte seinerseits auf seine zugrunde liegenden geschichtsphilosophischen Annahmen.[66] Den Ausgangspunkt bildet auch hier Arendts spezifisches Verständnis von Handeln, das einem Herstellen von Geschichte genauso wie einem Zweck der Geschichte widerspricht, was umgekehrt bedeutet, dass eine (teleologische) Geschichtsphilosophie Handeln in ihrem Sinn verunmöglicht. Zu Arendts Kritikpunkten zählt Nagl-Docekal,[67] dass 1. Handeln nur einem individuellen Menschen und nicht »der Menschheit« zugesprochen werden könne; 2. Menschen keine

Marionetten seien, die von einem »Drahtzieher« (VA 257) hinter ihrem Rücken bewegt würden; 3. diesem Drahtzieher keine Notwendigkeit zugeschrieben werden soll; 4. die Vorstellung historischer Kontinuität dem Vermögen des Anfangens widerspreche; 5. sich eine Flucht von (möglicher) Politik in unerfüllbare historische Erwartungen artikuliere; 6. eine Verwechslung von Handeln und Herstellen in Bezug auf die Zukunft stattfinde; 7. die praktischen Konsequenzen Terror legitimieren würden. Arendts Monita richten sich gegen das oben erwähnte Verständnis von Prozessgeschichte, das sie exemplarisch an den Namen Hegel, Marx und Spengler festmacht. Nagl-Docekal entdeckt nun allerdings »geschichtsphilosophische Motive kantischer Art« in Arendts Schriften selbst, und zwar in der »Hoffnungsperspektive«, im »Enthusiasmus« eines historischen Anknüpfungsbeispiels und in der unabschließbaren »gemeinsam unternommene[n] Anstrengung«. Gerade angesichts der bisherigen Gewaltgeschichte erhalte damit der kantische Einsatz praktischer Philosophie im menschlichen »Engagement für eine gerechtere Zukunft« durch Arendt eine Weiterführung.[68] Nicht zuletzt kommt darin Kants Hochschätzung des Spekulativen zum Ausdruck, nämlich als Vermögen, Ideen zu bilden und damit über das Bestehende hinauszudenken, anstatt dieses lediglich zu bestätigen, und mit einer Idee wie Freiheit menschlichem Handeln Orientierung zu geben. Während pauschale Kant-Kritik auch diesen Anliegen eine Absage erteilt, zeugt Arendts Beschäftigung mit Kant und seinem Geschichtsbegriff von einer differenzierten kritischen Auseinandersetzung. Neuere Beispiele einer derartigen Herangehensweise finden sich auch in Bezug auf Kategorien wie Geschlecht und Ethnizität.[69]

Eine geschichtsphilosophische Analyse und Relektüre von Arendts Werk insistiert auf einer philosophischen Reflexion von Geschichte, ohne einen gesetzmäßigen übergeordneten Sinnzusammenhang zu behaupten oder eine »Legitimationserzählung«[70] zu vertreten.

Mit dem viel zitierten »Ende der großen Erzählungen« zielte Jean-François Lyotard 1979 auf die Legitimierungsfunktion der Geschichtsphilosophie ab, die dasjenige theoretisch rechtfertigt, was sich historisch durchgesetzt hat. In diesem Sinn konstatiert er: »Die große Erzählung hat ihre Glaubwürdigkeit verloren«.[71] Aus diesem Fazit folgt keineswegs, große Zusammenhänge wie Weltgeschichte oder Globalisierung theoretisch zu ignorieren, und ebenso wenig die Konsequenz, sich stattdessen auf isolierte Mikrologie zu beschränken. Geschichte als »Kollektivsingular«[72] bleibt auch im Wissen um plurale Geschichten eine denkerische Herausforderung. »Die Welt« als die »Totalität dessen, was ist«,[73] verliert auch Lyotard mitnichten aus dem Blick. So registriert er einerseits die unübersehbare »Sehnsucht nach dem Ganzen und dem Einen, nach der Versöhnung von Begriff und Sinnlichkeit, nach transparenter und kommunizierbarer Erfahrung«.[74] Andererseits ruft er dazu auf, dieser Sehnsucht theoretisch zu widerstehen; Theorie nun vermöge dies, wenn sie Wirklichkeit und Darstellung nie zur Deckung bringe. Entsprechend bestimmt Lyotard die Aufgabe der Philosophie unter postmodernen Bedingungen dahingehend, keine ganze, einheitliche, allgemeine und feste *»Wirklichkeit zu liefern«,*[75] die jedoch auch nicht mit Beliebigkeit zu verwechseln sei. Er negiert weder die Totalität der Wirklichkeit noch das Nachdenken darüber, doch beharrt er auf einer Differenz zwischen Wirklichkeit und Denken. Diese »Inkommensurabilität der Wirklichkeit im Verhältnis zum Begriff«[76] fußt auf Kants Unterscheidung zwischen Denken und Erkennen und sucht mit dessen Philosophie des Erhabenen auf die Undarstellbarkeit der Totalität hin zu denken.[77] Nicht zufällig äußert sich diese theoretische Wertschätzung und eigenwillige Weiterführung von Kants Ansatz in einem totalitarismuskritischen Grund von Lyotards Differenzphilosophie, auch wenn er dabei einen anderen Weg geht als Arendt. Bedenkenswert bleibt dieser in der Theorie angesiedelte totalitarismuskritische Grund gerade angesichts des aufdringlichen Phänomens großer historischer Rechtfertigungserzählungen, wie sie auch heute von Autokraten und Diktatoren als politisches Propagandainstrument eingesetzt werden.[78]

Dem Problem mit der Geschichte lässt sich philosophisch nicht dadurch entkommen, dass die große Frage nach der Geschichte ausgeklammert und durch losgelöste Mikrogeschichten ersetzt wird. Totalität im Sinn eines übergreifenden Zusammenhangs umstandslos totalitär aufzufassen und aus diesem Grund theoretisch zu ignorieren hat zur Folge, dass sich auch nicht mehr über das mit diesem Namen angezeigte Problem nachdenken lässt. Der weithin geteilte Totalitarismusverdacht der Geschichtsphilosophie hat, wie auch bei Arendt ersichtlich wird, seine Gründe. Umso wichtiger ist es, auf den geschichtsphilosophischen Problemkern aufmerksam zu machen, der einer Machbarkeit von Geschichte und einem Handeln, das als Herstellen missverstanden wird, geradezu widerspricht. Mit diesem Problemkern hat sich insbesondere Heinz Dieter Kittsteiner immer wieder befasst und damit »Geschichtsphilosophie nach der Geschichtsphilosophie«[79] neu relevant gemacht. Geschichtsphilosophie »im prägnanten Sinn«[80] ist ein modernes Phänomen. Sie entstammt demjenigen Zeitalter, das Menschen als handlungsmächtige Subjekte bestimmte und die Geschichte als Fortschrittsgeschichte konzipierte: der Aufklärung. Kittsteiner insistierte auf dem neuralgischen und für viele weiterhin überraschenden Punkt, dass in der klassischen Geschichtsphilosophie, namentlich bei Kant und Hegel, eine Auffassung von Geschichte steckt, in der Menschen nicht als Subjekte der Geschichte auftreten, Menschen Geschichte also gerade nicht selbst machen können. Wie kann diese Auffassung von Geschichte mit dem aufklärerischen Verständnis eines Subjekts zusammengehen, das aus der Unmündigkeit heraustritt und sich selbst – autonom – zum Handeln bestimmt? Kittsteiner weist auf, dass es genau diese Spannung war, die die klassische Geschichtsphilosophie als Problem erkannte und versuchte, die Unverfügbarkeit der Geschichte als Geschehen[81] mit dem Konzept eines freien, vernünftigen und handlungsmächtigen Subjekts zu vereinbaren.[82] Diese Philosophen behalfen sich über den Einbezug des Faktors Zeit mit einem Kunstgriff, der es erlaubte, individuelles menschliches Handeln mit Geschichte als übergreifendem Geschehen zu verschalten. So sollte Weltgeschichte als Menschheitsgeschichte im Ganzen nicht nur einen höheren Zweck realisieren, sondern auch einen sinnvollen Fortschritt garantieren; einen Fortschritt, den die einzelnen handelnden Menschen zwar weder als sinnhaften erkennen noch praktisch intendieren, aber quasi automatisch realisieren. Der springende Punkt ist, dass die Fortschrittserzählungen der klassischen Geschichtsphilosophie gerade nicht über die Vorstellung eines Subjekts operieren, das durch sein Tun – sei es durch Arbeiten, Herstellen oder Handeln – die Welt beherrscht und Geschichte »macht«. Stattdessen unterstellen sie einen von menschlicher Vernünftigkeit und Verfügungsgewalt unabhängigen Fortschritt, womit sie über die Dimension der Zukunft eine Hoffnungsperspektive eröffnen. Für zunehmend problematisch wurde befunden, dass der mit dieser Vorstellung von Fortschrittsgeschichte verbundene höhere Zweck alle »Kollateralschäden« und »Rückschritte« auf dem Weg dahin zu rechtfertigen erlaubte.

Während Kants Modell einer Naturabsicht in der *Kritik der Urteilskraft* einen vorsichtigen geschichtsphilosophischen Versuch im Modus des Als-ob darstellt, der sich skeptisch seines spekulativen Überschusses bewusst ist, provoziert Hegels List der Vernunft gerade mit der ihr zugeschriebenen ontologischen Geltungsmacht. Diese List der Vernunft realisiert sich auf Kosten aller Einzelnen in der Weltgeschichte, und schonungslos bezeichnet Hegel diese auch als »Schlachtbank«.[83] Diese Auffassung von Geschichte operiert über ein Mittel-Zweck-Verhältnis, in dem den einzelnen Menschen die Funktion von Mitteln in der Realisierung eines übergeordneten Zweckes zukommt. Insofern weist dieser Geschichtsbegriff neben seinem gewaltvollen genauso einen technischen Charakter auf und findet in der technischen Bestimmung von Gewalt durch Arendt eine Bestätigung. Es ist dieses Hegel'sche Geschichtsverständnis, das auch Fanon bestätigt, wenn er umstandslos behauptet, »daß es eine List der Geschichte gibt«,[84] die »in den Kolonien eine grausame und eine große Rolle« spiele. Hier drückt sich, trotz des in seinem Text ebenfalls hervorgehobenen Moments des Geschichte Machens, ein Verständnis von Geschichte als etwas Notwendigem aus, das dem von Hegel über Mittel und Zweck formulierten dynamischen Verhältnis in die positive Aufhebung eines Endzwecks folgt und diesen anerkennt. Damit übernimmt Fanon implizit die Problematik von Hegels List der Vernunft, die Arendt implizit registriert hat: Mit einer fortschrittsteleologischen Geschichtsmacht wird theoretisch dasjenige als Siegergeschichte legitimiert, was sich sowieso durchsetzt. Nach der Shoah erfährt diese Problematik eine spezifisch historische Verschärfung, der sich neben Horkheimer und Adorno auch Arendt über das Phänomen des Antisemitismus stellte.[85] Gegen die Legitimierung der Siegergeschichte insistierte Adorno auf der Frage, »ob wir Geschichte konstruieren können, ohne uns der Kardinalsünde schuldig zu machen: Sinn zu infiltrieren, der nicht existent ist«.[86] Diese Frage betrifft auch die Zukunftsperspektive, nämlich dahingehend, »ob und auf welche Weise es noch möglich ist, eine Zukunft zu denken, ohne die Vergangenheit zu verraten«.[87] In diesem Sinne lässt sich die Problematik benennen und gleichwohl Hegels positiv-dialektischer Aufhebungsfigur widerstehen.

Arendt nimmt nicht den Weg einer negativen Dialektik, sondern problematisiert den philosophischen Begriff von Geschichte im Allgemeinen und den daraus resultierenden Begriff von Fortschritt im Besonderen. In *Macht und Gewalt* setzt sie das Wort Fortschritt mehrfach in Anführungszeichen und markiert schon damit sowie mit dem Hinweis auf die »unheimlich destruktiven Tendenzen« (MG 32) der Atombombe in der militärischen Forschung ihre Distanz dem gegenüber, was als wissenschaftlich-technischer Fortschritt gilt. Das vorgefundene historische Fortschrittsverständnis hält sie schon für sich genommen für technisch, das heißt instrumentell, wobei es durch den Fokus auf Technik lediglich seinen handfesten Ausdruck erhält. Das, was Fortschritt genannt wird, erkennt sie als »den erbarmungslosen Prozeß des Mehr und Mehr, Größer und Größer, Schneller und Schneller« (MG 95), der »immer gigantischerer Verwaltungsapparate bedarf«, was partizipative Macht verhindere. *Macht und Gewalt* endet mit der von ihr als wissenschaftlich-technischer Fortschritt bezeichneten Dynamik von Sachzwängen, die für »nicht mehr zu stoppen« (MG 99) und »scheinbar unaufhaltsam« gehalten werde und die Menschen zwinge, das, was sie können, auch zu tun, ohne es zu wollen. Der von ihr in dieser Dynamik von Sachzwängen registrierte Machtverlust, »der Gewalt Tor und Tür öffnet«, ist vor dem Hintergrund ihrer Unterscheidung von Macht und Gewalt nicht zu unterschätzen und leitet diese pauschale Wissenschafts- und Technikkritik an.

Im Totalitarismus-Buch weist Arendt bei ihrer Kritik des Fortschrittsprozesses und »alle[r] von ihm beherrschten Geschichtsphilosophien« (EU 360 f.) auf Walter Benjamins »Engel der Geschichte« hin und zitiert die betreffende Passage aus seinen Thesen *Über den Begriff der Geschichte*. Benjamin und Arendt hatten sich im Pariser Exil angefreundet, und er vertraute ihr in Paris auch eine Abschrift der Thesen an, die sie 1968 im Sammelband *Illuminations* mit Texten Benjamins in englischer Übersetzung unter dem Titel »Theses on the Philosophy of History« herausgab.[88] Die Schrift, in der sie sich vornehmlich mit dem Geschichtsbegriff befasst, ist denn auch »dem Andenken Walter Benjamins« gewidmet (FT 21). Während Arendt mit Benjamin eine persönliche Beziehung verband und sie sich später öffentlich und streitbar für sein

Werk eingesetzt hat, wurde er für die rebellierenden Studierenden »zur eigentlichen Achtundsechziger-Ikone«.[89] Wolfgang Kraushaar macht diese Affinität im »hoch romantisch aufgeladen[en]« »Echoraum«[90] von Teilen der Neuen Linken aus, die sich dann in der Gewaltfrage auf den in der These VIII erwähnten Ausnahmezustand kapriziert haben.[91] Ganz abgesehen von einer direkten Amalgamierung mit Carl Schmitts Begriff des Ausnahmezustandes wird am Punkt der Unterbrechung eines vorausgesetzten historischen Kontinuums der grundlegende Unterschied zu Arendts Aufnahme der Geschichtsthesen deutlich: Sehen gewaltbereite Rebellierende diese Unterbrechung in Akten der Gewalt, setzt Arendt, auch über ihre Konzeption der Natalität, ganz auf das ihren Handlungsbegriff prägende Anfangen-Können.

Im Zusammenhang ihrer Fortschrittskritik bezieht sich Arendt zwar auf Benjamins Geschichtsthesen. Doch lässt sich dessen Rätselbild zu Paul Klees *Angelus Novus* in der These IX nicht umstandslos in pauschale Fortschrittskritik einreihen, noch viel weniger, wenn diese bereits das Wort inkriminiert und jegliches philosophische Nachdenken über Geschichte verbietet. In seinen Geschichtsthesen steuert Benjamin weder direkt noch explizit auf einen Begriff von Geschichte zu, stattdessen erkundet er in aneinandergereihten Reflexionen »Vorfelder«[92] dieses Begriffs und lotet das Feld zwischen Bildern und Begriff aus. Auch seine Geschichtsthesen setzen sich mit der Kernfrage an die klassische Geschichtsphilosophie auseinander, ob denn überhaupt ein Denken der Geschichte möglich sei, ohne sie über Sinngebung zu rechtfertigen. Benjamins geschichtsphilosophischer Einsatz auch in seiner Passagen-Arbeit versucht eine rettende Kritik des Fortschrittsbegriffs und versucht genauso eine Geschichtsschreibung, die sich nicht mit der Siegergeschichte identifiziert. So kritisiert er ein bestimmtes Verständnis von Fortschritt, das er in den Thesen näher umschreibt mit sturem Fortschrittsglauben, mit einem technokratischen, positivistischen, naturausbeutenden, arbeitsverherrlichenden, selbsttätigen und insgesamt dogmatischen Fortschrittsverständnis menschheitlicher Perfektibilität.[93] Der dort unterstellten quasi-notwendigen historischen Kontinuität setzt er tentativ mehrere Figuren der Unterbrechung entgegen. Anstatt diese zu verabsolutieren, durchmisst er Spannungsfelder zwischen Kontinuität und Bruch und sucht Fortschritt als Fortschreiten immer an Aktualisierung zu binden und damit anders zu fassen. So erinnert er daran, was es einmal hieß und verhieß und was man heute darunter verstehen kann: Es soll nicht immer so weitergehen, sondern besser werden. Diese Stoßrichtung ist Arendt gerade mit ihrer Emphase auf dem Neubeginn ein Anliegen, wofür sie ihre eigenen Denkwege beschreitet.

Anmerkungen Nachwort

1 So Thomas Meyer, Mail an die Verfasserin vom 23.3.2023.

2 Walter Benjamin: Das Passagen-Werk, in: Walter Benjamin: *Gesammelte Schriften,* hg. v. Rolf Tiedemann/Hermann Schweppenhäuser, Frankfurt am Main 1991, Bd. V, 1991, S. 578.

3 Ursula Ludz: Zweiter Teil: Kommentar der Herausgeberin, in: Hannah Arendt: *Was ist Politik?,* S. 137–187, S. 156.

4 Schon mehrfach wurde zur Unterscheidung von der tatsächlichen Tagespolitik angemerkt, dass für Arendts Verständnis von Politik eine »politische Differenz« leitend wird; s. Thomas Bedorf: Das Politische und die Politik – Konturen einer Differenz, in: Thomas Bedorf/Kurt Röttgers (Hg.), *Das Politische und die Politik,* Frankfurt am Main 2010, S. 13–37, S. 16–20.

5 Carl von Clausewitz: *Vom Kriege,* Buch I, Kapitel 1, Abschnitt 24.

6 Max Weber: Politik als Beruf, in: *Geistige Arbeit als Beruf. Vier Vorträge vor dem Freistudentischen Bund. Zweiter Vortrag,* München 1919, S. 4; vgl. MG, S. 47–48.
Mirko Wischke und Georg Zenkert sehen im Feld der Politischen Theorie Max Webers Machtbegriff dominieren; vgl. Mirko Wischke/Georg Zenkert (Hg.): *Macht und Gewalt. Hannah Arendts On Violence neu gelesen,* Wiesbaden 2019, 1.

7 S. a. Anna Pollmann: Urteil und Wahn: Hannah Arendt, Günther Anders und die atomare Bedrohung, in: Dorlis Blume/Monika Boll/Raphael Gross (Hg.), *Hannah Arendt und das 20. Jahrhundert,* München 2020, S. 113–122.

8 »In 1957, an earth-born object made by man was launched into the universe, where for some weeks it circled the earth according to the same laws of gravitation that wing and keep in motion the celestial bodies – the sun, the moon, and the stars. To be sure, the man-made satellite was no moon or star, no heavenly body which could follow its circling path for a time span that to us mortals, bound by earthly time, lasts from eternity to eternity. Yet, for a time it managed to stay in the skies; it dwelt and moved in the proximity of the heavenly bodies as though it had been admitted tentatively to their sublime company.« Hannah Arendt: *The Human Condition* (1958), UP Chicago 2013.

9 S. Rüdiger Zill: Im Wendekreis des Sputnik. Technikdiskurse in der Bundesrepublik Deutschland der 50er Jahre, in: Irmela Schneider/Peter M. Spangenberg (Hg.), *Me-*

dienkultur der 50er Jahre. Diskursgeschichte der Medien nach 1945, Bd. 1, Wiesbaden 2002, S. 25–49.

10 Immanuel Kant: Kritik der praktischen Vernunft (1788), in: Immanuel Kant, *Werke*, hg. v. der Preußischen Akademie der Wissenschaften, Berlin 1900 ff., Bd. V, S. 161.

11 Vgl. Daniel Morat: *Von der Tat zur Gelassenheit. Konservatives Denken bei Martin Heidegger, Ernst Jünger und Friedrich Georg Jünger 1920–1960*, Göttingen 2007, S. 455–497.

12 S. Christine Blättler: Philosophische Prometheus-Figurationen. Zu Angst und Freiheit in der Technik, in: *Angst und Freiheit. Philosophische und künstlerische Positionen*, hg. v. Christine Blättler/Petra Maria Meyer, Würzburg 2023, S. 183–196; Christian Voller: Wider die ›Mode heutiger Archaik‹: Konzeptionen von Präsenz und Repräsentation im Mythosdiskurs der Nachkriegszeit, in: Bent Gebert/Uwe Mayer (Hg.), *Zwischen Präsenz und Repräsentation. Formen und Funktionen des Mythos in theoretischen und literarischen Diskursen*, Berlin 2014, S. 226–257.

13 Vgl. Sigrid Weigel: Intellectual Potential from the Other Side of Europe's Colonial and Nationalist Past. Cultural Science/Kulturwissenschaft around 1900 and its Relevance for Cultural Relations in: *ifa Input* 4 (2021), S. 1–10.

14 Vgl. Ernst Cassirer: *Form und Technik*, in: Birgit Recki (Hg.), *Gesammelte Werke*, Bd. 17. Aufsätze und kleine Schriften (1927–1931), Hamburg 2004.

15 Vgl. Walter Benjamin: Das Kunstwerk im Zeitalter seiner technischen Reproduzierbarkeit (1935/1936), hg. v. Burkhardt Lindner, in: Walter Benjamin: *Werke. Nachlaß.* Kritische Gesamtausgabe, im Auftrag der Hamburger Stiftung zur Förderung von Wissenschaft und Kultur hg. v. Christoph Gödde und Henri Lonitz in Zusammenarbeit mit dem Walter Benjamin Archiv, Bd. 16, Berlin 2012; Christine Blättler: *Benjamins Phantasmagorie. Wahrnehmung am Leitfaden der Technik*, Berlin 2021; Siegfried Kracauer: *From Caligari to Hitler. A Psychological History of the German Film*, Princeton University Press, New Jersey 1971; Siegfried Kracauer: *Theory of Film. The Redemption of Physical Reality*, Oxford University Press, New York 1960.

16 Theodor W. Adorno: Musik und Technik (1958), in: Theodor W. Adorno, *Gesammelte Schriften in 20 Bänden*, hg. v. Rolf Tiedemann, Bd. 16: Musikalische Schriften I–III, Frankfurt am Main 1978, S. 229–248.

17 Auf dieses Werk bezieht sich Arendt im 4. Kapitel (Herstellen) von *Vita activa* in der Anm. 13 (»In einigen interessanten Bemerkungen zur Atombombe« [497]).

18 Dazu gehört auch die kritische Selbstreflexion von Anders, der sich 24 Jahre später fragte, ob es sich bei der »prometheischen Scham« nicht vielmehr um ein Postulat denn eine Tatsache handle und er sich damals verspekuliert habe; vgl. Günther Anders: *Die Antiquiertheit des Menschen Bd. 2: Über die Zerstörung des Lebens im Zeitalter der dritten industriellen Revolution* (1980), München 1987, S. 433 f.

19 Vgl. Jean-Pierre Dupuy: Some Pitfalls in the Philosophical Foundations of Nanoethics, in: *Journal of Medicine and Philosophy* 32 (2007), S. 237–261.

20 S. a. Nils Baratella/Sven Rücker: Gewalt: essentialistisch, demokratisch, theologisch. Zu den Gewaltbegriffen von Carl Schmitt, Hannah Arendt und Walter Benjamin,

in: Christine Blättler/Christian Voller (Hg.), *Walter Benjamin. Politisches Denken*, Reihe *Staatsverständnisse*, Baden-Baden 2016, S. 177–192, S. 185.

21 S. hierzu Fritz Stern: *Kulturpessimismus als politische Gefahr* (1961), Stuttgart 2005.

22 S. Cassirer: *Form und Technik*; Hans Blumenberg: *Schriften zur Technik*, hg. v. Alexander Schmitz und Bernd Stiegler, Frankfurt am Main 2015.

23 Vgl. die Beiträge von Morozov und Zuboff in: Frank Schirrmacher (Hg.), *Technologischer Totalitarismus. Eine Debatte*, Berlin 2015; S. a. Shoshana Zuboff, *The Age of Surveillance Capitalism*, London 2019.

24 Anders Adorno gegenüber Spenglers Pessimismus; vgl. Theodor W. Adorno: Spengler nach dem Untergang (1950), in: Theodor W. Adorno: *Gesammelte Schriften in 20 Bänden*, hg. v. Rolf Tiedemann, Bd. 10/1:, Kulturkritik und Gesellschaft I. Prismen. Ohne Leitbild, Frankfurt am Main 2003, S. 47–71, S. 69.

25 Hans Blumenberg: *Die Vollzähligkeit der Sterne*, Frankfurt am Main 2011, S. 547.

26 http://www.esa.int/Space_in_Member_States/Austria/Ich_sehe_die_Erde%21_Sie_ist_so_wunderschoen%21_-_Der_erste_Mensch_im_Weltraum_vor_50_Jahren_Juri_Gagarin (zuletzt aufgerufen am 22. 12. 2023).

27 Olga Martynova: »Die Eroberung des Alls vor sechzig Jahren brachte keinen moralischen Aufschwung der Menschheit«, in: *NZZ*, 23. 4. 2021.

28 Emmanuel Lévinas: Heidegger, Gagarin et nous (1961), in: ders., *Difficile liberté. Essais sur le judaïsme* (1963), Paris 1976, S. 323–327, S. 323. Die Übersetzungen im Text stammen von der Verfasserin.

29 Ebd. S. 325.

30 Ebd.

31 Ebd. S. 326.

32 Ebd.

33 Vgl. Adelbert Reif: Interview mit Hannah Arendt, in: Hannah Arendt, *Macht und Gewalt*, München 1970, S. 105–133.

34 Ebd. , S. 107.

35 Ralph Ellison: The World and the Jug, in: *The New Leader*, 9. 12. 1963; s. dazu Thomas Meyer: »Vom Olymp sieht es anders aus«, in: *Die Zeit* 12/22, S. 35–36. Zum Verhältnis von Arendt und Ellison s. Marie Luise Knott: *370 Riverside Drive, 730 Riverside Drive. Hannah Arendt und Ralph Ellison – 17 Hinweise*, Berlin 2022.

36 Wolfgang Kraushaar: *Die blinden Flecken der 68er Bewegung*, Stuttgart 2018, S. 66; s. a. S. 51 (Die Entdeckung der Dritten Welt), zu Arendts Kritik daran S. 68–71.

37 Vgl. Victor Klemperer: *LTI. Notizbuch eines Philologen* (1947), Stuttgart 2020, S. 114–119.

38 Hannah Arendt: Brief vom 25. 11. 1967 an Hans-Jürgen Benedict, in: *Mittelweg 36*. 17. Jg., Heft 1/2008, S. 2–8.

39 Ebd.

40 Mit einem Zitat aus Stephen Spender: *Das Jahr der jungen Rebellen*, München 1969, S. 144.

41 Im Folgenden vermutet sie den »eigentliche[n] Grund« im Fortschrittsbegriff; vgl. MG 39 ff.; mehr dazu s. u.

42 Vgl. Wolfgang Kraushaar: *Die blinden Flecken der 68er Bewegung*, bes. S. 15–25.

43 Ernst Müller/Falko Schmieder: *Begriffsgeschichte und historische Semantik. Ein kritisches Kompendium*, Berlin 2016, S. 133 (hier in Bezug auf Victor Klemperer).

44 Vgl. Frantz Fanon: *Die Verdammten dieser Erde*. Vorwort von Jean-Paul Sartre (1961), übers. von Traugott König, Berlin [9]2021, S. 42 f., S. 76.

45 Ebd. S. 45.

46 Ebd. S. 60.

47 Ebd. S. 76.

48 Ebd. S. 72.

49 Frantz Fanon: *Les damnés de la terre*. Préface de Jean-Paul Sartre (1961). Préface de Alice Cherki et postface de Mohammed Harbi (2002), Paris 2002, S. 93; in der deutschen Übersetzung steht »Schaffenswut«; Fanon: *Die Verdammten dieser Erde*, S. 78.

50 Kraushaar: *Die blinden Flecken der 68er Bewegung*, S. 43; vgl. besonders S. 27–48 (Die romantische Revolte).

51 Vgl. z. B. Helmuth Plessner: Die Utopie in der Maschine (1924), in: ders., *Gesammelte Schriften, Bd. 10*, S. 31–40.

52 Vgl. Alfred Rosenberg: *Der Mythus des 20. Jahrhunderts*, München 1930; vgl. kritisch dazu Klemperer: *LTI*: Kapitel XVII: System und Organisation.

53 Werner Hamacher: Freistätte. Zum Recht auf Bildung und Forschung, in: *Was ist passiert? Stellungnahmen zur Lage der Universität*, Zürich 2010, S. 217–247. S. a. René Torkler: *Philosophische Bildung und politische Urteilskraft. Hannah Arendts Kant-Rezeption und ihre didaktische Bedeutung*, Baden-Baden 2016.

54 Vgl. Michel Foucault: *Überwachen und Strafen. Die Geburt des Gefängnisses*, Frankfurt am Main 1977; Gilles Deleuze, Postskriptum über die Kontrollgesellschaft (1990), in: Gilles Deleuze: *Unterhandlungen. 1972–1990*, Frankfurt am Main 1993, S. 254–262.

55 Zur Macht als *potentia* und *potestas* s. Kurt Röttgers: *Spuren der Macht. Begriffsgeschichte und Systematik*, Freiburg i. Br./München 1990; zur Entfaltung dieses schon als machttheoretisches Paradox bezeichneten Verhältnisses bei Arendt s. Katrin Meyer: *Macht und Gewalt im Widerstreit. Politisches Denken nach Hannah Arendt*, Basel 2016, einleitend besonders S. 9–22.

56 Meyer: *Macht und Gewalt im Widerstreit*, S. 13.

57 Vgl. Fanon: *Die Verdammten dieser Erde*, S. 42 f.

58 Ebd. S. 58.

59 Ebd. S. 34.

60 Ebd. S. 43.

61 Sartre, Vorwort, S. 27.

62 Daniel Cohn-Bendit: »Was aus dem Mai 1968 für heute folgt«. Daniel Cohn-Bendit im Gespräch mit Claus Leggewie, in: *Deutschlandfunk, Essay und Diskurs*, 15. 4. 2018.

63 Brief von Arendt an Daniel Cohn-Bendit vom 27. 6. 1968 aus der Library of Congress, zitiert in: Elisabeth Young-Bruehl: *Hannah Arendt. Leben, Werk, Zeit.* Erweiterte Ausgabe mit neuem Vorwort. Aus dem Amerikanischen von Hans Günter Holl, Frankfurt am Main 2004, S. 562. Vgl. Cohn-Bendit: »Sie war keine ›engagierte‹ Philosophin« (1995), in: *Polylogos*; http://polylogos.org/philosophers/arendt/arendt-philo.html (zuletzt aufgerufen am 22. 12. 2023). S. a. Norbert Frei: Im Saftladen. Han-

nah Arendt und das Aufbegehren der Studenten um 1968, in: Dorlis Blume/Monika Boll/Raphael Gross (Hg.), *Hannah Arendt und das 20. Jahrhundert*, S. 191–199.

64 Vgl. Daniel Cohn-Bendit: *Interview zur Ausstellung Hannah Arendt und das 20. Jahrhundert im Deutschen Historischen Museum vom 3. 4. 2020;* https://www.dhm.de/blog/2020/04/03/interview-mit-daniel-cohn-bendit/ (zuletzt aufgerufen am 22. 12. 2023).

65 Friedrich Nietzsche: Unzeitgemäße Betrachtungen II. Vom Nutzen und Nachtheil der Historie für das Leben, *KSA 1*, München 1988, S. 308.

66 Herta Nagl-Docekal: Hoffen auf künftige Freiheit. Führt Hannah Arendts Konzeption des Politischen die Geschichtsphilosophie Kants weiter?, in: Johannes Rohbeck/Herta Nagl-Docekal (Hg.): *Geschichtsphilosophie und Kulturkritik. Historische und systematische Studien*, Darmstadt 2003, S. 231–262.

67 Vgl. ebd. S. 235–240.

68 Ebd. S. 258, 259 und 252.

69 S. z. B. Ursula Pia Jauch: *Immanuel Kant zur Geschlechterdifferenz. Aufklärerische Vorurteilskritik und bürgerliche Geschlechtsvormundschaft*, Wien 1988; Pauline Kleingeld: Kant's Second Thoughts on Race, in: *The Philosophical Quarterly*, 57, 2007, S. 573–592; Omri Boehm: »Sie wollen ihn stürzen sehen«, in: *Die Zeit*, 49, 26. 11. 2020, S. 56–57; Omri Boehm: *Radikaler Universalismus. Jenseits von Identität,* Berlin 2022. S. a. das aktuelle von Andrea Marlen Esser geleitete Reinhart-Koselleck-Projekt *Wie umgehen mit Rassismus, Antisemitismus und Sexismus in Werken der klassischen Deutschen Philosophie?* an der Universität Jena: https://www.philosophie.uni-jena.de/wieumgehenmitrsa (zuletzt aufgerufen am 22. 12. 2023).

70 Jean-François Lyotard: *Das postmoderne Wissen. Ein Bericht* (1979), Wien 1986, S. 96.

71 Ebd. S. 112.

72 Reinhart Koselleck*: Vergangene Zukunft. Zur Semantik geschichtlicher Zeiten* (1979), Frankfurt am Main 1989, S. 130, S. 264.

73 Jean-François Lyotard: Beantwortung der Frage: Was ist postmodern? (1982), in: Peter Engelmann (Hg.), *Postmoderne und Dekonstruktion. Texte französischer Philosophen der Gegenwart*, Stuttgart 1990, S. 33–48, S. 43.

74 Ebd. S. 48.

75 Ebd.

76 Ebd. S. 44.

77 S. Jean-François Lyotard: *Die Analytik des Erhabenen – Kant-Lektionen* (1991), München 1994.

78 S. dazu Christine Blättler: Geschichte als kultureller Kampfplatz und die Rolle der Philosophie, in: *Philosophische Gespräche,* H. 67, 2023.

79 Vgl. Reinhard Blänkner/Falko Schmieder/Christian Voller/Jannis Wagner (Hg.): *Geschichtsphilosophie nach der Geschichtsphilosophie? Perspektiven der Kulturgeschichte im Ausgang von Heinz Dieter Kittsteiner*, Bielefeld 2021.

80 Emil Angehrn: *Geschichtsphilosophie*, Basel 2012.

81 Zur Doppelbedeutung von Geschichte und deren Differenzierung als Geschehen und als dessen Erzählung s. Reinhard Blänkner: Geschichte und Geschehen. Zur Historizität der »Geschichte« als Wissensform, in: Friedrich Wilhelm Graf/Edith

Hanke/Barbara Picht (Hg.), *Geschichte intellektuell, Theoriegeschichtliche Perspektiven*, Tübingen 2015, S. 38–55.

82 Vgl. Heinz Dieter Kittsteiner: *Listen der Vernunft. Motive geschichtsphilosophischen Denkens*, Frankfurt am Main 1998.

83 G. W. F. Hegel: Vorlesungen über die Philosophie der Geschichte, in: G. W. F. Hegel: *Werke. Theorie Werkausgabe in zwanzig Bänden,* hg. v. Eva Moldenhauer/Karl Markus Michel, Frankfurt am Main 1970ff., Bd. 12, S. 35.

84 Fanon: *Die Verdammten dieser Erde*, S. 57.

85 Vgl. Moishe Postone: *Deutschland, die Linke und der Holocaust. Politische Interventionen*, Freiburg 2005, S. 132–133; Max Horkheimer/Theodor W. Adorno: *Dialektik der Aufklärung. Philosophische Fragmente* (1944), Frankfurt am Main 1988, S. 177–217 (Elemente des Antisemitismus. Grenzen der Aufklärung); Hannah Arendt: *Vor Antisemitismus ist man nur noch auf dem Monde sicher*. Beiträge für die deutsch-jüdische Emigrantenzeitung »Aufbau« 1941–1945, München 2000; Hannah Arendt: *Elemente und Ursprünge totaler Herrschaft. Antisemitismus, Imperialismus, Totalitarismus* (1955), Neuedition hg. v. Thomas Meyer, mit einem Nachwort von Jens Hacke, München 2023. Die neue Biografie ermöglicht es, Arendts Werk gerade auch hinsichtlich Antisemitismus in einen Zusammenhang mit ihrem konkreten politischen Engagement zu stellen; s. Thomas Meyer: *Hannah Arendt. Die Biografie*, München 2023.

86 Theodor W. Adorno: *Zur Lehre von der Geschichte und der Freiheit* (1964/65), hg. v. Rolf Tiedemann, Frankfurt am Main 2006, S. 16.

87 Postone: *Deutschland, die Linke und der Holocaust*, S. 124.

88 Walter Benjamin: *Illuminations*, translated by Harry Zohn, edited and with an introduction by Hannah Arendt, preface by Leon Wieseltier, New York 1968. Hierbei handelte es sich um einen alten Plan, den sie bereits 1946 gefasst hatte; s. dazu *Arendt und Benjamin. Texte, Briefe, Dokumente*, hg. v. Detlev Schöttker/Erdmut Wizisla, Frankfurt am Main 2006, S. 14.

89 Karl-Heinz Bohrer: Sechs Szenen Achtundsechzig, in: *Merkur*, 62. Jg., H. 4, Mai 2008, S. 410–424, S. 416.

90 Wolfgang Kraushaar: *ad Walter Benjamin. Eine Verteidigung gegen seine Bewunderer*, Hamburg 2022, S. 37 f.

91 S. dazu sowie zur Rezeption durch RAF und Giorgio Agamben: Kraushaar: *Die blinden Flecken der 68er-Bewegung*, S. 337–361; Kraushaar: *ad Walter Benjamin*, S. 134–164.

92 Vgl. Hans Blumenberg: Licht als Metapher der Wahrheit. Im Vorfeld der philosophischen Begriffsbildung (1957), in: Hans Blumenberg: *Ästhetische und metaphorologische Schriften*, hg. v. Anselm Haverkamp, Frankfurt am Main [4]2014, S. 139–171.

93 Vgl. Walter Benjamin: Über den Begriff der Geschichte, in: Walter Benjamin: *Gesammelte Schriften*, hg. v. Rolf Tiedemann/Hermann Schweppenhäuser, Frankfurt am Main 1991, Bd. I, S. 698 f., S. 700 f. (Thesen X, XI, XIII); s. a. Walter Benjamin: Über den Begriff der Geschichte, hg. v. Gérard Raulet, in: Walter Benjamin: *Werke und Nachlaß*. Kritische Gssamtausgabe, im Auftrag der Hamburger Stiftung zur Förderung von Wissenschaft und Kultur hg. v. Christoph Gödde/Henri Lonitz in Zusammenarbeit mit dem Walter Benjamin Archiv, Bd. 19, Frankfurt am Main 2010.

Siglenverzeichnis

AM = Vor Antisemitismus ist man nur noch auf dem Monde sicher
EU = Elemente und Ursprünge totaler Herrschaft
FF = Die Freiheit, frei zu sein
FT = Fragwürdige Traditionsbestände im politischen Denken der Gegenwart
IAR = Interview mit Hannah Arendt von Adalbert Reif
LR = Reflections on Little Rock
MG = Macht und Gewalt
P = Was ist Politik?
R = Über die Revolution
VA = Vita activa

Literaturverzeichnis

Adorno, Theodor W.: *Zur Lehre von der Geschichte und der Freiheit* (1964/65), hg. v. Rolf Tiedemann, Frankfurt am Main 2006.

Adorno, Theodor W.: Musik und Technik (1958), in: Theodor W. Adorno, *Gesammelte Schriften in 20 Bänden,* hg. v. Rolf Tiedemann, Bd. 16: Musikalische Schriften I–III, Frankfurt am Main 1978, S. 229–248.

Adorno, Theodor W.: Spengler nach dem Untergang (1950), in: Theodor W. Adorno, *Gesammelte Schriften in 20 Bänden,* hg. v. Rolf Tiedemann, Bd. 10/1: Kulturkritik und Gesellschaft I. Prismen. Ohne Leitbild, Frankfurt am Main 2003, S. 47–71.

Anders, Günther: *Die Antiquiertheit des Menschen, Bd. 2: Über die Zerstörung des Lebens im Zeitalter der dritten industriellen Revolution* (1980), München 1987.

Angehrn, Emil: *Geschichtsphilosophie*, Basel 2012.

Arendt, Hannah: Brief vom 25. 11. 1967 an Hans-Jürgen Benedict, in*: Mittelweg 36*, 17. Jg., Heft 1/2008, S. 2–8.

Arendt, Hannah: Brief vom 27. 6. 1968 an Daniel Cohn-Bendit aus der Library of Congress, zitiert in: Elisabeth Young-Bruehl: *Hannah Arendt. Leben, Werk, Zeit.* Erweiterte Ausgabe mit neuem Vorwort. Aus dem Amerikanischen von Hans Günter Holl, Frankfurt am Main 2004.

Arendt, Hannah: *Fragwürdige Traditionsbestände im politischen Denken der Gegenwart*, hg. v. Thomas Meyer, mit einem Nachwort von Eva von Redecker, München 2021.

Arendt, Hannah: *Die Freiheit, frei zu sein*, mit einem Nachwort von Thomas Meyer, München 2018.

Arendt, Hannah: *The Human Condition* (1958), UP Chicago 2013.

Arendt, Hannah: *Macht und Gewalt*, hg. v. Thomas Meyer, mit einem Nachwort von Christine Blättler, München 2024.

Arendt, Hannah: Reflections on Little Rock, in: *Dissent 6,* no. 1 (1959), S. 45–56.

Arendt, Hannah: *Über die Revolution*, hg. v. Thomas Meyer, mit einem Nachwort von Jürgen Förster, München 2020.

Arendt, Hannah: *Vita activa oder Vom tätigen Leben*, hg. v. Thomas Meyer, mit einem Nachwort von Hans-Jörg Sigwart, München ³2023.

Arendt, Hannah: *Vor Antisemitismus ist man nur noch auf dem Monde sicher*, hg. v. Marie Luise Knott, München 2019.

Arendt, Hannah: *Was ist Politik*, hg. v. Ursula Ludz (1993), München ⁷2020.

Arendt, Hannah: *Elemente und Ursprünge totaler Herrschaft. Antisemitismus, Imperialismus, Totalitarismus*, hg. v. Thomas Meyer, mit einem Nachwort von Jens Hacke, München 2023.

Baratella, Nils/Sven Rücker: Gewalt: essentialistisch, demokratisch, theologisch. Zu den Gewaltbegriffen von Carl Schmitt, Hannah Arendt und Walter Benjamin, in: Christine Blättler/Christian Voller (Hg.): *Walter Benjamin. Politisches Denken*, Reihe *Staatsverständnisse*, Baden-Baden 2016, S. 177–192.

Bedorf, Thomas: Das Politische und die Politik – Konturen einer Differenz, in: Thomas Bedorf/Kurt Röttgers (Hg.): *Das Politische und die Politik*, Frankfurt am Main 2010, S. 13–37.

Benjamin, Walter: Über den Begriff der Geschichte, in: *Walter Benjamin: Gesammelte Schriften*, hg. v. Rolf Tiedemann/Hermann Schweppenhäuser, Frankfurt a. M. 1991, Bd. I, S. 691–704. Über den Begriff der Geschichte, hg. v. Gérard Raulet, in: *Walter Benjamin: Werke und Nachlaß.* Kritische Gesamtausgabe, im Auftrag der Hamburger Stiftung zur Förderung von Wissenschaft und Kultur, hg. v. Christoph Gödde/Henri Lonitz in Zusammenarbeit mit dem Walter Benjamin Archiv, Bd. 19, Frankfurt am Main 2010.

Benjamin, Walter: *Das Passagen-Werk, in:* Walter Benjamin, *Gesammelte Schriften,* hg. v. Rolf Tiedemann/Hermann Schweppenhäuser, Frankfurt am Main 1991, Bd. V.

Benjamin, Walter: Das Kunstwerk im Zeitalter seiner technischen Reproduzierbarkeit (1935/1936), in: Burkhardt Lindner (Hg.), *Werke und Nachlaß. Kritische Gesamtausgabe*, im Auftrag der Hamburger Stiftung zur Förderung von Wissenschaft und Kultur hg. v. Christoph Gödde und Henri Lonitz in Zusammenarbeit mit dem Walter Benjamin Archiv, Bd. 16, Berlin 2012.

Benjamin, Walter: *Illuminations*, translated by Harry Zohn, edited and with an introduction by Hannah Arendt, preface by Leon Wieseltier, New York 1968.

Blänkner, Reinhard/Falko Schmieder/Christian Voller/Jannis Wagner (Hg.): *Geschichtsphilosophie nach der Geschichtsphilosophie? Perspektiven der Kulturgeschichte im Ausgang von Heinz Dieter Kittsteiner*, Bielefeld 2021.

Blänkner, Reinhard: Geschichte und Geschehen. Zur Historizität der ›Geschichte‹ als Wissensform, in: Friedrich Wilhelm Graf/Edith Hanke/Barbara Picht (Hg.): *Geschichte intellektuell, Theoriegeschichtliche Perspektiven*, Tübingen 2015, S. 38–55.

Blättler, Christine: Geschichte als kultureller Kampfplatz und die Rolle der Philosophie, in: *Philosophische Gespräche,* H. 67, 2023.

Blättler, Christine: Philosophische Prometheus-Figurationen. Zu Angst und Freiheit in der Technik, in: *Angst und Freiheit. Philosophische und künstlerische Positionen*, hg. v. Christine Blättler/Petra Maria Meyer, Würzburg 2023, S. 183–196.

Blättler, Christine: *Benjamins Phantasmagorie. Wahrnehmung am Leitfaden der Technik*, Berlin 2021.

Blumenberg, Hans: *Schriften zur Technik*, hg. v. Alexander Schmitz und Bernd Stiegler, Frankfurt am Main 2015.

Blumenberg, Hans: Licht als Metapher der Wahrheit. Im Vorfeld der philosophischen Begriffsbildung (1957), in: Hans Blumenberg: *Ästhetische und metaphorologische Schriften*, hg. v. Anselm Haverkamp, Frankfurt am Main 2014, S. 139–171.

Blumenberg, Hans: *Die Vollzähligkeit der Sterne*, Frankfurt am Main 2011.

Boehm, Omri: *Radikaler Universalismus. Jenseits von Identität,* Berlin 2022.

Boehm, Omri: »Sie wollen ihn stürzen sehen«, in: *Die Zeit,* 49, 26. 11. 2020, S. 56–57.

Bohrer, Karl Heinz: Sechs Szenen Achtundsechzig, in: *Merkur,* 62. Jg., H. 4, Mai 2008, S. 410–424.

Cassirer, Ernst: Form und Technik (1930), in: Birgit Recki (Hg.), *Gesammelte Werke,* Bd. 17. Aufsätze und kleine Schriften (1927–1931), Hamburg 2004.

Clausewitz, Carl von: *Vom Kriege* (1832), Frankfurt am Main 2005.

Cohn-Bendit, Daniel: »Sie war keine ›engagierte‹ Philosophin« (1995), in: *Polylogos*; http://polylogos.org/philosophers/arendt/arendt-philo.html (zuletzt aufgerufen am 22. 12. 2023).

Cohn-Bendit, Daniel: *Interview zur Ausstellung Hannah Arendt und das 20. Jahrhundert im Deutschen Historischen Museum vom 3. 4. 2020*; https://www.dhm.de/blog/2020/04/03/interview-mit-daniel-cohn-bendit/ (zuletzt aufgerufen am 22. 12. 2023).

Cohn-Bendit, Daniel: »Was aus dem Mai 1968 für heute folgt«. Daniel Cohn-Bendit im Gespräch mit Claus Leggewie, in: *Deutschlandfunk, Essay und Diskurs*, 15. 4. 2018.

Deleuze, Gilles: Postskriptum über die Kontrollgesellschaft (1990), in: Gilles Deleuze: *Unterhandlungen. 1972–1990*, Frankfurt am Main 1993, S. 254–262.

Dupuy, Jean-Pierre: Some Pitfalls in the Philosophical Foundations of Nanoethics, in: *Journal of Medicine and Philosophy* 32 (2007), S. 237–261.

Ellison, Ralph: The World and the Jug, in: *The New Leader*, 9. 12. 1963.

Fanon, Frantz: *Die Verdammten dieser Erde*. Vorwort von Jean-Paul Sartre (1961), übersetzt von Traugott König, Berlin [9]2021.

Fanon, Frantz: *Les damnés de la terre*. Préface de Jean-Paul Sartre (1961). Préface de Alice Cherki et postface de Mohammed Harbi (2002), Paris 2002.

Foucault, Michel: *Überwachen und Strafen. Die Geburt des Gefängnisses* (1975), übers. v. Walter Seitter, Frankfurt am Main 1977.

Frei, Norbert: Im Saftladen. Hannah Arendt und das Aufbegehren der Studenten um 1968, in: Dorlis Blume/Monika Boll/Raphael Gross (Hg.): *Hannah Arendt und das 20. Jahrhundert*, München 2020, S. 191–199.

Hamacher, Werner: Freistätte. Zum Recht auf Bildung und Forschung, in: *Was ist passiert? Stellungnahmen zur Lage der Universität*, Zürich 2010, S. 217–247.

Hegel, G. W. F.: Vorlesungen über die Philosophie der Geschichte, in: *Werke. Theorie Werkausgabe in zwanzig Bänden*, Bd. 12, hg. v. Eva Moldenhauer/Karl Markus Michel, Frankfurt am Main 1970 ff.

Horkheimer, Max/Theodor W. Adorno: *Dialektik der Aufklärung. Philosophische Fragmente* (1944), Frankfurt am Main 1988.

Jauch, Ursula Pia: *Immanuel Kant zur Geschlechterdifferenz. Aufklärerische Vorurteilskritik und bürgerliche Geschlechtsvormundschaft*, Wien 1988.

Kant, Immanuel: *Kritik der praktischen Vernunft* (1788), in: Kant, *Werke*, hg. von der Preußischen Akademie der Wissenschaften, Berlin 1900 ff., Bd. V.

Kittsteiner, Heinz Dieter: *Listen der Vernunft. Motive geschichtsphilosophischen Denkens*, Frankfurt am Main 1998.

Kleingeld, Pauline: Kant's Second Thoughts on Race, in: *The Philosophical Quarterly*, 57, 2007, S. 573–592.

Klemperer, Victor: *LTI. Notizbuch eines Philologen* (1947), Stuttgart 2020.

Knott, Marie Luise: *370 Riverside Drive, 730 Riverside Drive. Hannah Arendt und Ralph Ellison*, Berlin 2022.

Koselleck, Reinhart: *Vergangene Zukunft. Zur Semantik geschichtlicher Zeiten* (1979), Frankfurt am Main 1989.

Kracauer, Siegfried: *Theory of Film. The Redemption of Physical Reality*, New York 1960.

Kracauer, Siegfried: *From Caligari to Hitler. A Psychological History of the German Film*, Princeton 1971.

Kraushaar, Wolfgang: *ad Walter Benjamin. Eine Verteidigung gegen seine Bewunderer*, Hamburg 2022.

Kraushaar, Wolfgang: *Die blinden Flecken der 68er Bewegung*, Stuttgart 2018.

Lévinas, Emmanuel: Heidegger, Gagarin et nous (1961), in: *Difficile liberté* (1963), Paris 1976, S. 323–327.

Ludz, Ursula: Zweiter Teil: Kommentar der Herausgeberin, in: Hannah Arendt, *Was ist Politik*, München [7]2020, S. 137–187.

Lyotard, Jean-François: *Die Analytik des Erhabenen – Kant-Lektionen* (1991), München 1994.

Lyotard, Jean-François: Beantwortung der Frage: Was ist postmodern? (1982), in: Peter Engelmann (Hg.), *Postmoderne und Dekonstruktion. Texte französischer Philosophen der Gegenwart*, Stuttgart 1990.

Lyotard, Jean-François: *Das postmoderne Wissen. Ein Bericht* (1979), übers. v. Otto Pfersmann, Wien 1986.

Martynova, Olga: »Die Eroberung des Alls vor sechzig Jahren brachte keinen moralischen Aufschwung der Menschheit«, in: *NZZ*, 23. 4. 2021.

Meyer, Katrin: *Macht und Gewalt im Widerstreit. Politisches Denken nach Hannah Arendt*, Basel 2016.

Meyer, Thomas: »Vom Olymp sieht es anders aus«, in: *Die Zeit*, 12/22, S. 35–36.

Morat, Daniel: *Von der Tat zur Gelassenheit. Konservatives Denken bei Martin Heidegger, Ernst Jünger und Friedrich Georg Jünger 1920–1960*, Göttingen 2007.

Müller, Ernst/Schmieder, Falko: *Begriffsgeschichte und historische Semantik. Ein kritisches Kompendium*, Berlin 2016.

Nagl-Docekal, Herta: Hoffen auf künftige Freiheit. Führt Hannah Arendts Konzeption des Politischen die Geschichtsphilosophie Kants weiter?, in: Johannes Rohbeck/Herta Nagl-Docekal (Hg.): *Geschichtsphilosophie und Kulturkritik. Historische und systematische Studien*, Darmstadt 2003, S. 231–262.

Nietzsche, Friedrich: *Unzeitgemäße Betrachtungen II. Vom Nutzen und Nachtheil der Historie für das Leben*, in: Friedrich Nietzsche, *Kritische Studienausgabe*, hg. v. Giorgio Colli/Mazzino Montinari (1967 ff.), München 1999, Bd. 1.

Plessner, Helmuth: Die Utopie in der Maschine (1924), in: Helmuth Plessner: *Gesammelte Schriften*, Bd. X: Schriften zur Soziologie und Sozialphilosophie, Frankfurt am Main 2003, S. 31–40.

Pollmann, Anna: Urteil und Wahn: Hannah Arendt, Günther Anders und die atomare Bedrohung, in: Dorlis Blume/Monika Boll/Raphael Gross (Hg.): *Hannah Arendt und das 20. Jahrhundert*, München 2020, S. 113–122.

Postone, Moishe: *Deutschland, die Linke und der Holocaust. Politische Interventionen*, Freiburg 2005.

Reif, Adelbert: Interview mit Hannah Arendt, in: Hannah Arendt: *Macht und Gewalt*, München 1970, S. 107–133.

Rosenberg, Alfred: *Der Mythus des 20. Jahrhunderts*, München 1930.

Röttgers, Kurt: *Spuren der Macht. Begriffsgeschichte und Systematik*, Freiburg i.Br./München 1990.

Schirrmacher, Frank (Hg.): *Technologischer Totalitarismus. Eine Debatte*, Berlin 2015.

Schöttker, Detlev/Erdmut Wizisla (Hg.): *Arendt und Benjamin. Texte, Briefe, Dokumente*, Frankfurt am Main 2006.

Spender, Stephen: *Das Jahr der jungen Rebellen*, München 1969.

Stern, Fritz: *Kulturpessimismus als politische Gefahr* (1961), Stuttgart 2005.

Torkler, René: *Philosophische Bildung und politische Urteilskraft. Hannah Arendts Kant-Rezeption und ihre didaktische Bedeutung*, Baden-Baden 2016.

Voller, Christian: Wider die ›Mode heutiger Archaik‹: Konzeptionen von Präsenz und Repräsentation im Mythosdiksurs der Nachkriegszeit, in: Bent Gebert/Uwe Mayer (Hg.): *Zwischen Präsenz und Repräsentation. Formen und Funktionen des Mythos in theoretischen und literarischen Diskursen*, Berlin 2014, S. 226–257.

Weber, Max: Politik als Beruf, in: *Geistige Arbeit als Beruf. Vier Vorträge vor dem Freistudentischen Bund. Zweiter Vortrag*, München 1919.

Weigel, Sigrid: Intellectual Potential from the Other Side of Europe's Colonial and Nationalist Past. Cultural Science/Kulturwissenschaft around

1900 and its Relevance for Cultural Relations, in: *ifa Input* 4 (2021), S. 1–10.

Wischke, Mirko/Zenkert, Georg (Hg.): *Macht und Gewalt. Hannah Arendts On Violence neu gelesen,* Wiesbaden 2019.

Young-Bruehl, Elisabeth: *Hannah Arendt, Leben, Werk, Zeit.* Erweiterte Ausgabe mit neuem Vorwort. Aus dem Amerikanischen von Hans Günter Holl, Frankfurt am Main 2004.

Zill, Rüdiger: Im Wendekreis des Sputnik. Technikdiskurse in der Bundesrepublik Deutschland der 50er Jahre, in: Irmela Schneider/Peter M. Spangenberg (Hg.), *Medienkultur der 50er Jahre. Diskursgeschichte der Medien nach 1945,* Bd. 1, Wiesbaden 2002, S. 25–49.

Zuboff, Shoshana: *The Age of Surveillance Capitalism*, London 2019.

Hannah Arendt und das Anthropozän

Coverabbildungen vorbehalten

Hannah Arendt

Fragwürdige Traditionsbestände im politischen Denken der Gegenwart

Vier Essays

Piper Taschenbuch, 224 Seiten
ISBN 978-3-492-31757-3

Die vorgelegten Texte entstanden aus Vorträgen, die Hannah Arendt an deutschen und amerikanischen Universitäten hielt. Der Titel versucht, die leitende Absicht der kritischen Überlegungen dieser Essays anzudeuten. Diese befassen sich mit den in den Essay-Titeln angezeigten Begriffen; die Kritik erfolgt durch eine Rückführung dieser Begriffe auf die gegebenen Erfahrungen, aus denen sie entstanden sind, und durch eine Konfrontierung mit den modernen Erfahrungen, denen sie adäquat zu sein vorgeben.